絲綢之路上的回响

主编　冯福宽　杨连福

中央民族大学出版社

艰难历程
辉煌篇章

陈广元

中国人民政治协商会议全国委员会常务委员
中国伊斯兰教协会会长
哈吉·希拉伦丁·陈广元大阿訇

《丝绸之路上的回响》

顾　问：

陈广元（回　族）中国人民政治协商会议全国委员会常务委员
中国伊斯兰教协会会长

铁木尔（蒙古族）中华人民共和国国家民族事务委员会原专职委员

余振贵（回　族）中华人民共和国全国人民代表大会常务委员会委员，中国伊斯兰教协会副会长

洪长有（回　族）中国伊斯兰教协会副会长兼秘书长

吴庆云（回　族）中国共产党陕西省委员会原常务委员
中国人民政治协商会议陕西省委员会原副主席

冯今源（回　族）中国社会科学院世界宗教研究所研究员

李佩伦（回　族）中央民族大学教授

主　编：

冯福宽（回　族）陕西人民广播电台高级记者

杨连福（回　族）中国民族报社副社长

副主编：

张广林（回　族）中国伊斯兰教协会副秘书长

杨广立（回　族）中央民族大学后勤产业集团承坤商贸公司总经理

白　贵（回　族）河北大学新闻传播学院院长，博士生导师

海　洋（回　族）河北省大厂回族自治县人大常委会原主任

冯殿华（回　族）福华肉类有限公司董事长

孟宪明（回　族）河北彩虹光盘有限公司董事长

杨宝军（回　族）中国回族学会常务理事

撰　稿：

冯福宽（回　族）陕西人民广播电台高级记者

图片配置：

杨宝军（回　族）中国回族学会常务理事

统　稿：

杨连福（回　族）中国民族报社副社长

编　辑：

韩治国

王翔宇

封面题字：

张有清　第四届中国书法家协会理事
中国书法家协会评审委员会委员
中国书法家协会培训中心教授

序

李佩伦

丝绸之路，千年古道。充满着奇幻，奇幻中的灿烂的遐想；深嵌着艰辛，艰辛中的无畏的奋进；洋溢着激情，激情中的崇高的使命；勾勒着壮丽的画卷，画卷里冲腾着历史的风烟，更在浓绿的画卷深处，飞扬着永不断绝的回响。那回响是播撒文化的交响，是传递友谊的合唱，是一个民族在襁褓中的放歌。我初读福宽的大作《丝绸之路上的回响》，情不自已，写下了上述的话。

福宽是我敬重的文友，道兄。共攀文山，相携为友。共赴圣域，同道为朋。他爱写诗，我爱读诗。我和他大大超越了作者与读者的一般的依存关系。我们共同在诗的境界中，寻找着美。这美，是真实灵魂共舞着的和谐的旋律，是一切善念结构出的多彩的光影。我不会写诗，常在福宽的诗篇里寻找着我绿色的梦。

上个世纪九十年代初，第七次回族史研讨会在古都西安召开。我平生第一次受邀参加这样的学术会议。伴随着天外有天的向往与好奇，偏又因较为知趣，时有诚惶诚恐遁入心底。令我心安处，是西安有两位著名的冯姓回族文人，一是冯增烈（祈求安拉提高他在天堂的品级），一是冯福宽。两位冯兄和我初见的情景至今记得。一声色兰化知己，何况此前本已相知。

会议空隙，福宽等人陪我拜瞻西安化觉巷清真大寺。我怀着无限的敬畏走进神圣的大殿，并做了礼拜。举意而后抬手，我已热泪盈眶。努力控制着唏嘘，完成了拜功。当走出大殿时，福宽等人看到了我的泪眼，彼此道了塞俩目，便一时沉默。我们心里，都陷入了心灵绿野上的沉思。1994年我的回族文化专著《绿野沉思》的得名，就是基于这沉默的瞬间，并融入了那瞬间的心灵上的狂飚。

此后，我们不断往来，互相鼓励。海内存知己，天涯若比邻。我和许多真朋友，包括福宽在内，却努力实践着王勃这两句诗，彼此心心相印，共同守护着那近乎幼稚的真。

福宽勤于思考，笔耕不辍，几乎年年都有成果。每有新作必投赠于我。捧读之际，时常忆起唐人郑谷的七绝《静吟》。诗云：骚雅荒凉我未安，月和余雪夜吟寒。相门相客应相笑，得句胜于得好官。

今年，他完成了具有史诗价值的《丝绸之路上的回响》，并嘱我作序。福宽的信任令我感动，但是，由我出手，颇有难处。直到即将付梓我才完成他的托付。

回回民族的先民，无论是从商，还是征戍，都是行进在丝绸之路上，那驼铃，那马嘶，胡笳悠悠伴随着诵经声声，都是在为一个民族催生。

隆准深眸的异邦人，沿着丝绸之路走进了东方文明古国，历史舞台上，从来都在演绎着千变万化的悲欢离合。回族从无到有，则是一出大悲剧向大喜剧的演化。在这已失去细节的大开大合的情节里，寄托着回族先民的向往与期盼。

“学问虽远在中国，亦当往求之”的神圣号召，成为丝绸之路的座标，是高悬的祥月，是不可摧折的雄心。学问远在中国，一个信仰伊斯兰的民族也远在中国诞生。这一圣训是启示，也是预言。回族就是通过丝绸之路，在伊斯兰文明和中华文明两个高起点上走进了人类历史。在中华大地上落地生根，成为“爱国是信仰的一部分”这一圣训的勇敢的捍卫者，实践者。

回族曾在历史的夹缝中被窒息，在历史的疯狂中被屠戮，在历史的无奈中被冷落。然而，回族，努力地创造着文明，真诚地缔造着友爱，坚定地拒绝着分裂。这是回族无声的崇高誓言，有形的行为轨迹。历史记忆中的分分秒秒都可以为之作证。

福宽这部著作的主题，应在我上述的描绘中。

弘扬民族文化，振奋民族精神，互为因果。五十六个民族，都应为这一关乎国运兴衰的命题，写下辉映千古的妙文佳赏。一个民族的历史的文本，就是一个民族文化的觉醒的标志。一个民族在对历史的观照中，才能锻炼出一双洞察今古、明辨正邪的文化明眸。

福宽的这部大作，涵义广博，蕴蓄颇深。读者自是见仁见智，我的浅论薄析，难称众愿。希望读者能沉潜以明其义，敦笃以悟其理。走出世事的清浊混淆，人性的善恶错乱，藉着这部书的智慧的阶梯，从“这一个”看到整个中华民族的昨天与明天。

福宽文笔清秀，情韵回荡。从纷乱的历史中，组合出有序的描述。辞约事详 ，思深力遒。行文中时有个人咏叹，抚时感事，有借古鉴今之意。读其文，想见其人，我为福宽的笔墨翻涌而愉悦。倘这部大作能尽快进入影像媒体，这一行行散文诗的文字，将是绝妙的解说辞。

回族因为散居于祖国各个角落，历史变得散漫多元。此书做到点面清晰，相辅相成。史著最易流于枯燥乏味，作者能深入浅出，做到雅俗共赏。且精心于图文并茂，足可引人入胜。这是一部可供任何民族各样水平的读者一览的佳作。盛世修史，这部书的诞生，就是抚今追昔后的盛世的赞歌。

中华民族多元一体，唇齿相依。一荣俱荣，一损皆损。回族和其他民族人民历来和谐相处。这部书应是回族等各族人民，共同创造，共赴时艰，共享太平的历史。它无疑是一曲民族团结的颂歌。

一部史著，纵向贯串，横向搜罗，难免挂一漏万，以偏概全。广大读者读其书知其人，将是福宽的诤友，本书的知音，也会使这部作品更加完美、成熟。

写于2009年12月3日

目 录

一 回族来源 …………………………………………… (001)

二 回族的爱国主义 ………………………………… (011)

三 回族教育(上)——“念经” ……………………… (032)

四 回族教育(下)——“念书” ……………………… (065)

五 回族商业 …………………………………………… (076)

六 回族文化 …………………………………………… (088)

七 回族艺术 …………………………………………… (114)

八 回族的科学技术 ………………………………… (141)

九 回回，回回啊! ………………………………… (158)

坎坷的缀语 ………………………………… 冯福宽（162)

回族兄弟 …………………………………… 杨连福（168)

爱国是信仰的一部分

学问虽远在中国，亦当往求之。

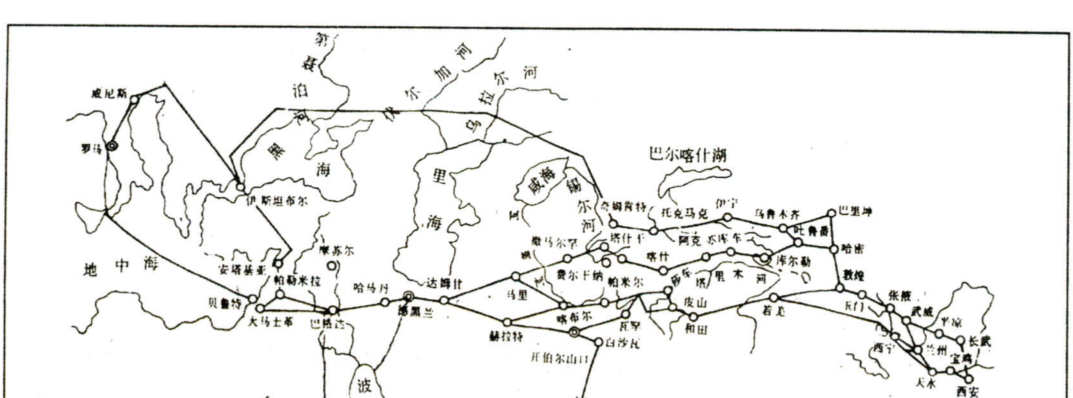

图1

“丝绸之路”经由线路图

丝绸之路上的回响

第一章 回族来源

在中国56个民族里，有一个非常特殊的民族——回族。他们以「大分散，小集中」的形式，分布在全国各地。他们虔诚地信守伊斯兰教，顽强地生活着。

他们和土著居民不同。周恩来总理说：「回族(回族先民)是从阿拉伯、小亚细亚来的，而且时代并不太远，据说到现在不过1000多年……」

回族来源

在中国56个民族里，有一个非常特殊的民族——回族。他们以“大分散，小集中”的形式，分布在全国各地。他们虔诚地信守伊斯兰教，顽强地生活着。

他们和土著居民不同。周恩来总理说：“回族(回族先民)是从阿拉伯、小亚细亚来的，而且时代并不太远，据说到现在不过1000多年……”[①]

公元7世纪初，在陆上丝绸之路东端的唐帝国和西端的阿拉伯帝国同时崛起，他们如日中天地照耀着整个世界，也影响着整个世界。

就在这个时期，出生在麦加古来氏部落哈希姆家族的穆罕默德传播了伊斯兰教，基本上统一了阿拉伯半岛；其后，他的继任人又继承他的事业，创建了横跨亚非欧三大洲的阿拉伯帝国。穆罕默德在世时，望着东方强大的唐王朝，向自己的教民发出号召：“学问虽远在中国，亦当往求之。”就从这时开始，那些追求商业利益的回族先民，那些信仰伊斯兰教的阿拉伯人、波斯人，揭开了走向中国的序幕。

天房

① 周恩来：《关于我国民族政策的几个问题》，见《统一战线文件汇编》，中国文献出版社，1988年。

回族先民到中国来，有的走海上香料之路，来到广州、泉州、杭州、扬州；有的走陆上丝绸之路，来到长安、开封。在漫长的旅途上，他们遇到了数不清的艰难险阻。但是，惊涛万里，挡不住他们前进的船队；黄沙漫天，淹没不了他们沉重的驼铃。他们勇敢地往前走着，向着东方，向着古老的华夏文明，向着广袤的中国大地前进!

大漠驼队

古都长安

当时统治中国的，是雄风万里的李唐帝国。作为一代明君的李世民，他一登基，就以一种开放的心态和博大的胸怀向世人宣布：“自古皆贵中华，贱夷狄，朕独爱之如一。”[①] 从此，国内各少数民族倾心归附，远近国家的使者、商人、传教士、留学生等也大量地来到中国。

李世民

外国使节朝拜中国皇帝

① 《资治通鉴》卷一百九十八，唐纪十四。

善良的中国人民，对这些远道而来的回族先民表现出极大的热情，专门为他们设立了穆斯林社区“蕃坊”，并且在蕃坊里实行一些特殊政策：蕃客之间有矛盾了，按照他们本国的法律处理；蕃客和中国人之间有矛盾了，按照中国的法律处理，让他们享受一定的治外法权。

宽松的政治环境，巨大的经济效益，使这些远道而来的回族先民真有一种“宾至如归”的感觉，他们从此在这里生活下来。他们在东南沿海城市建设了“四大古寺”：广州怀圣寺、泉州圣友寺、杭州真教寺、扬州仙鹤寺；官方在内地城市建设了“四大官寺”：北京牛街礼拜寺、东四清真寺、法明寺、普寿寺。他们依寺而居，住在一起，扭在一起，打不散，拖不跨，以生机勃勃的精气神在各地生活下来。

扬州仙鹤寺

北京管庄回民居住小区

福建泉州清净寺

当时，在长安城里，留居着许多北方和西方的少数民族。这些人，当地人称他们为胡人，或“胡商”，或“蕃客”，或“蕃商”，或“贾胡”。因为在当时的胡人里，阿拉伯、波斯穆斯林人数很多，所以一般学者在谈到人数时，往往以此为据。这些人逐渐发展，到唐德宗贞元三年(787)，仅在长安，有田宅者已达4000人，他们在这里聚积资财，置买产业，娶妻生子，安居不归[①]。当然，除这以外，无官无产者，还会大有人在。

正因为有这么多胡人来到这里，所以当时的长安城便沉浸在一片扑朔迷离的胡风之中：胡服、胡食、胡乐、胡舞、胡妆、胡骑，“五十年来竞纷泊”[②]。后来，人们从出土的大食俑、波斯俑、白磁跪人尊、波斯式舞马衔杯壶，以及雕塑“什伐赤”、壁画“马球图”里，还能想象到当年叱咤风云的现实和五彩斑斓的风习。

这些回族先民大都是一些腰缠万贯的大商人。他们在亚非欧的广阔地面上经商贸易，把中国的丝绸、瓷器等运到西方，又把西方的香料、宝石、珍珠等奇珍异宝运到中国。一时间，在当时的长安出现了商贾云集的西市，广州出现了装货卸货的光塔码头，泉州出现了“市井十洲人”的图门街。所有这一切，都极大地活跃了市场，繁荣了经济，丰富了人民的生活。

这是最早来到中国的回族先民。

在积雪中行进的回族驼队

一晃儿六百年过去了。公元12世纪后半叶，一代天骄成吉思汗，还有窝阔台、蒙哥，接连发动了三次西征。他们在征服西亚、中亚的广大穆斯林国家以后，又把那里的一些贵族、学者、工匠、平民签发东征；还把许多回回军士编入“回回军”、“探马赤军”、“西域亲军”，然后和蒙古军一起，灭亡金、灭亡西夏、灭亡南诏、灭亡南宋，从而结束了晚唐以来400多年的分裂局面，又一次实现了祖国的统一。

这些回回人，在蒙元帝国时代，享受着比较优惠的待遇。他们在政治上仅仅低于蒙古人，而高于汉人、南人。据统计，在元朝90多年的时间里，回回人在中央政府里担任要职

① 《资治通鉴·唐纪四十八》贞元三年条。
② 元稹：《法曲》。

的有17人，在地方政府里担任要职的有32人。其中，忽必烈登基之初，即任用回回人祃祃为丞相，任用阿合马执掌全国财赋，任用赛典赤·赡思丁为陕西四川云南平章政事。这些人不辱君命，用自己的聪明才智为新生的国家做出了贡献。

祃祃在任职期间，采用“汉法”重用汉儒，使许多汉族和少数民族知识分子入省工作。阿合马在国家财政极其困难的情况下挑起重担。在以后近20年的时间里，他利用传统的方法，官营牟利，苛政敛财，为忽必烈平定叛乱、灭亡南宋、实现全国统一提供了丰富的物质财富。赛典赤·赡思丁作为“功闻五朝”的一位杰出的政治家，在兴修水利、发展生产上，在建立友好的民族关系和邻国关系上，都取得了有口皆碑的成绩。特别值得一提的是，他在推广文治、兴办教育上，曾“创建孔子庙，明伦堂，购经史，授学田”，产生了深远的影响。也许正是因为如此，在他去世以后，“百姓哭巷”，“如丧考妣”，都要求“刻石颂功，立庙祀之”。这些东来的回回人，除了少数入仕为官的以外，一般平民百姓则根据元世祖“随地入社”的旨意，屯垦种地，过起农耕的生活。据统计，当时共有120多个垦区，遍布全国各地。

中国西部垦区

唐宋时期到中国来经商的回族先民，还有蒙元时期东来的回回人，逐渐发展壮大，到元时出现了“回回遍天下”的局面。这些人并且还掌握了一定的实权，呼风唤雨，治国安民!

就在这时，安徽乡里的朱元璋带着一彪人马杀将过来，并且很快占领京师，夺去了蒙元帝国皇上的宝座。

要说，朱元璋可不是一般的人，他是从社会底层翻腾上来的。他一登基，便对西域各国表现出极为友好的愿望，并且在他高兴的时候，还抄起御笔，写下了那篇闻名于世的《至圣百字赞》。

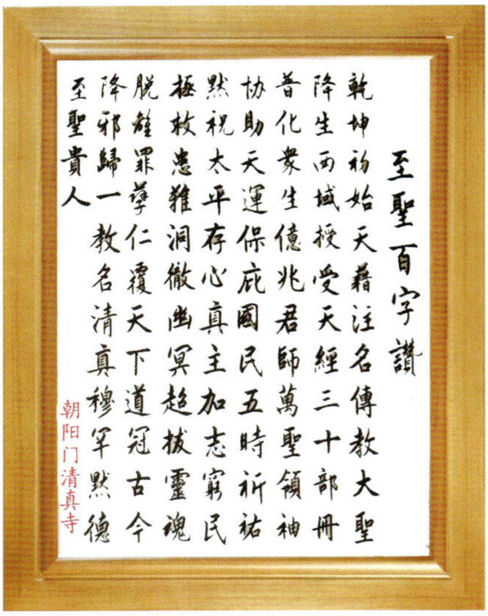

至圣百字赞

这一切，就像一块磁石吸住人们的心。只要是和明朝有过来往的地方，如沙州(今甘肃敦煌)、赤金(今甘肃玉门)、车儿绰(今新疆且末)、别失八里(今新疆破城子)、亦思弗罕(今伊朗伊斯法罕)、哈烈(今属阿富汗)、撒马儿罕(今属乌兹别克)、天方(今沙特阿拉伯麦加)等，都有大批的回回入附中原。这些人，史称“入附回回”。他们，还有早先来到中国的回回，在和汉、蒙、藏、维等民族长期相处、互通婚姻的过程中，终于形成了中国特有的民族——回族。

回族姑娘

对于自己民族的来源，回族人民以各种形式世代相传，牢牢地刻在心里。

在北方，小商小贩在自己的汤瓶牌上写着“清真古教 西域回回”，说明这些人的祖先是从西域过来的。

在德州，千佛山上回回坟的碑刻，说明这些人是菲律宾苏禄国东王巴都葛·叭哈剌的后代。

苏禄王墓

海南三亚回族聚居区

在三亚，回辉村前的大海，以及富有地方特色的建筑，说明这些人是从海上来的占城回回。

回族 少年

千百年来，回族一直在不同宗教、不同民族中间生活着。在这样的环境里，为了生存和发展，他们便表现出极大的宽容性和包容性、灵活性和适应性。生活在汉族地区的回族人使用的是汉语，但也夹杂一些阿拉伯语、波斯语。生活在其他地区的回族人则入乡随俗，积极主动地融汇到丰富多彩的华夏文明里，使用或兼通其他民族的语言。云南洱源的回族还使用白语，西双版纳的回族还使用傣语，云南迪庆、西藏拉萨的回族还使用藏语，四川凉山的回族还兼通彝语，内蒙古的回族有些人还兼通蒙古语，新疆的回族有些人还兼通维吾尔语、哈萨克语；生活在海南三亚地区的回辉人说的是一种独具特色的语言。同时，他们尊重不同民族的宗教信仰和生活习惯。所有这些，都为穆斯林的生存营造了一个宽松的环境，得到了周围人们的理解和支持，同时，也为伊斯兰教的广泛传播铺平了道路。

西宁东关清真大寺：当地穆斯林建筑该寺时，甘肃拉卜愣寺和青海塔尔寺赠送了五个铜经筒、青海佑宁寺赠送了几个大圆柱，他们于是把铜经筒放到大殿的屋脊上和宣礼塔的顶尖上，把大圆柱矗立在大殿四周。

青海西宁东关大寺

拉萨八角街清真寺

拉萨八廓街清真寺：当清代杜文秀的义军逃亡到拉萨八廓街清真寺时，藏族的宗教领袖热情地接待了他们，他们同时拉弓射箭说，他们的弓箭落地的地方，就是回族人可以生活的地方，这些回族人于是在这雪域高原生活下来。

千百年来，影响深远的伊斯兰教，还有千千万万的教民的榜样行为，深深地感动了、吸引了许多不同时代、不同民族、不同信仰的人改宗皈依了伊斯兰教，为回族增添了新的血液。

阿难答(? –1307)，蒙古族。元世祖忽必烈之孙，安西王忙哥剌之子。他于元世祖至元十七年(1280)袭封为安西王，统辖唐兀之地(今宁夏、甘肃、陕西、四川等地)。根据拉施特《史集》记载，他从小被一穆斯林家庭抚养，木速蛮(穆斯林)的信仰在他心中巩固起来，他于是“在自己的营地上建立清真寺，经常念诵《古兰经》，沉湎于祈祷”。他不仅自己皈依伊斯兰教，“他还使依附于他的15万蒙古军队的大部分皈依了伊斯兰教。这对于他统辖地区的伊斯兰教的传播、对于回族的形成起了很大作用。

明武宗

朱厚照(1491–1521)，汉族，即明武宗。他在位期间，曾对侍臣讲：“儒者之学，虽可以开物成务，而不足以穷神知化；佛老之学，似类穷神知化，而不能复命皈真。然诸教之道，皆各执一偏，维清真认主之教，深原于正理。此所以垂教万世，与天壤久也。”他在出巡时，禁止养猪，禁止易卖屠杀。除此以外，他还曾做诗，赞诵真主、伊斯兰教：“一教玄玄诸教迷，其中奥妙少人知。佛是人修人是佛，不尊真主却尊谁？”

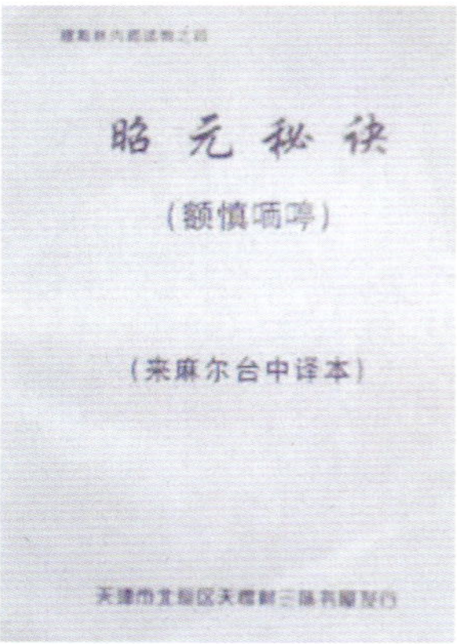

昭元秘诀

舍起灵(1630–1710)，汉族。原名魏元都，自号破衲痴，祖籍湖南省沅陵县。他被回族将领舍应举收为义子以后，皈依伊斯兰教，并落居陕西渭南，跟随经堂教育陕西学派马永安、山东学派常志美学习经典。他学识渊博，擅长经注学、教法学，对苏菲主义的学理有较深的研究。他治学有方，严格要求自己的学生“有学、有传、有德、有言、有守”，努力成为品学兼优的宗教学者。在翻译上，志在“合东西之音，较真伪之误”，是中国早期“以儒诠经”的学者之一。他翻译的“认主学的最高理论”《昭元秘诀》，是中国经堂教育的必修课程之一。

这些改宗皈依伊斯兰教的人，在中华人民共和国成立以前便认为他们成了回族人；中华人民共和国成立以后，根据国家有关规定，只承认这些人改变了自己的宗教信仰，而原来的民族成分不能改变，因而有了某族穆斯林的新的群体。

从回族形成到现在，已有700多年。在这漫长的时间里，他们虽然遭到历代统治阶级的歧视、污辱、压迫、掠夺、屠杀，但是他们仍然顽强地生活下来。他们守住自己的信仰，用自己的生命写出一部神奇和壮烈的历史。

北京牛街清真寺

他们像一阵阵微风汇聚成席卷长天的风涛，像一滴滴细流汇聚成摇天撼地的江河，像一片片落叶沉入到中国广袤的土地上，不断地发展起来，壮大起来。到现在已经发展到900多万人，分布在全国各地。但是，在清代，白彦虎起义失败以后，全部义军被迫移居到中亚，形成东干族；杜文秀起义失败以后，部分义军被迫移居到泰国，形成贺人穆斯林。这些流亡国外的回族人，带去了中华民族的悠久文明，也带去了虔诚的信仰，坚定的信念。然后，他们和当地人民一起开始了新的生活，也创造了新的生活！

第二章　回族的爱国主义

穆罕默德圣人说：「爱国是信仰的一部分。」千百年来，这句话像一盏明灯，教育、引导着广大回族人民。它是信仰，是生命，是历史的责任，也是回族人民民族精神最集中的表现！

回族的爱国主义

穆罕默德圣人说："爱国是信仰的一部分。"千百年来，这句话像一盏明灯，教育、引导着广大回族人民。它是信仰，是生命，是历史的责任，也是回族人民民族精神最集中的表现！

贵圣穆罕默德开始传播伊斯兰教以后，生活在大食国的回族先民便对中国这方热土有了深入的了解，产生了浓厚的感情。当他们看到中国有了困难时，便毫不犹豫地伸出援手。

援唐官兵生活过的"大荔沙苑"

据历史记载，唐代天宝十四年（755），为了帮助唐朝平定安史之乱，大食、回纥、朔方、安西、南蛮等组成了一支20万人的联合部队来到中国。收复两京以后，回纥官兵请求皇上留在沙苑。[①]于是，经过几代人的不懈努力，终于把这里开垦出一片良田。到清代，这里成了关中东部回族聚居区，皮革集散地。

长安西市图

纵观历史可以看出：回族先民从其落地生根的那一天起，他们就成了华夏大地上的一个忠心赤子，他们把自己的命运、事业、前途等都和这块热土紧密地联系在一起。只要国家需要，他们就会竭尽全力，把自己的一切都贡献出来。

① 见《旧唐书》卷十一代宗本纪、《册府元龟》卷九百七十三。

唐朝以后，中国经济走了下坡路。在这种情况下，这些回族先民没有一走了之，而是更加紧密地和当地人民团结在一起，克服困难，扭转时局。据历史记载，嘉定四年(1211)，当时泉州的蕃商主动拿出钱来帮助修复泉州城；林湜为晋江县令时，他们又在沿海一带制造战舰，巩固了当时的海防。

回族形成以后，回族人民更是毫不迟疑地行动起来，他们把自己的生命，把自己的聪明才智，一骨脑地贡献给自己的祖国。

我们翻开中国历史。

在回族形成前后的那一页上，赫然写着三位彪炳史册的人物：也黑迭儿丁、郑和、海瑞。

这里是祖国的首都北京，元朝时的大都。现在，我仿佛又来到南城的丽正门下。远望南方，就在那迷濛濛的尘雾里，元世祖从南国的鄂城走上了北还的大道 。忽然，他调转马头，拐进一个色目人的家里。这家的主人为了表示对他的欢迎，赶忙铺上金丝地毯；然后又把地毯剪开，送给他身后的从臣。这个色目人不是别人，他就是赫赫有名的“户饶良臣”也黑迭儿丁。

也黑迭儿丁①原是阿拉伯人，对于中国汉式土木工程的设计和建设很有研究，所以深受元世祖的赏识和信任。

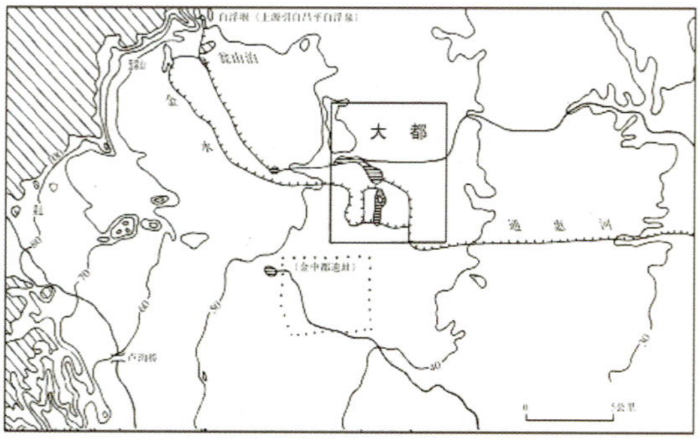

元大都

至元三年(1266)他领导完成修建琼华岛的任务以后，是年八月，被任命为茶迭儿局总管府。十二月，他又和张柔、段天祐一起，受命修建宫城。由于张、段二人都是武夫，不谙工事，所以整个工程的设计和施工，全都落到也黑迭儿丁一个人的身上。

① 陈垣《元西域人华化考》，白寿彝《回族人物志 · 也黑迭儿丁》。

北京皇城

也黑迭儿丁知道，当时的元朝“大业甫定，国势方张”，设计建筑一个“巨丽宏深”的国都是非常必要的。而作为“土木工程局长”的也黑迭儿丁他也深深懂得，马上得天下，不能以马上治天下，只有“采中国制度，而行以威加海内之规模”，才能使国人心服口服。所以他没有按照蒙古族的旧俗去修建“庐帐”，而是用中原之法设计建设了宏伟壮观的宫阙。尽管如此，从这座宏伟的中国式的宫城里，仍然可以看出设计建筑者也黑迭儿丁灵魂深处的色彩。著名美学家李泽厚把1968年发现的元代北京城门和人们熟悉的明代北京城门做了个比较，认为元代城门“似乎有点近于伊斯兰的城门”，“具有某种异国风味”[①]。

为了这项浩大的、也是永垂千古的工程，也黑迭儿丁倾注了全部的智慧、精力和心血。可是，对于这位功勋卓著的建筑大师，在《元史》里却连传也没有，所以六七百年以来，没有一个人知道它是出自一个“老回回”也黑迭儿丁的手里。

所幸陈垣先生，他不光论述了伊斯兰教传入中国是在永徽二年(651)，论述了唐朝时得中进士的大食人李彦升，论述了五代时擅长诗词、精通百药的土波斯李珣，他还论述了也黑迭儿丁设计建筑了大都。我想，在人们怀着崇敬的心情想念也黑迭儿丁的时候，也一定会怀着崇敬的心情想念陈垣先生。

郑和[②](1371—1434)，云南昆阳(今晋宁)人，本姓马，小字三宝或三保。元咸阳王、云南平章政事赛典赤·赡思丁第四子苫速丁兀默里五世孙。曾祖拜颜，“授荣禄大夫、尚书、平章政事，封淮王”；祖父米的纳“授滇阳侯”；父亲米里金“授云南行省参知政事，袭封滇阳侯”。

① 李泽厚彩图本《美的历程》，天津社会科学出版社2008年3月第二次印刷。

② 《明史》卷三〇四、《明实录》卷一六八、一七〇、一八三、白寿彝《回族人物志·郑和》。

郑和12岁时，父亲病故。也就在这时候，朱元璋派遣的征南部队打到云南。郑和被俘，并被带到南京，用为太监。

洪武二十三年（1390），燕王朱棣受封北平，郑和也被分发到燕王藩邸服役，并从此走进明朝的正史里。

建文元年(1399)，朱棣发动“靖难之役”以后，郑和也随从南下，屡建奇功，得到朱棣的赏识，不仅赐他姓郑，同时擢升为内官监太监、司礼监掌印太监。

特别值得大书特书的是，永乐三年(1405)六月，郑和作为正使，带着朱棣给各国的“敕书”和大量的金、帛、货物等，率领27800多将士，乘着62艘宝船和140多艘其他船只，出使南洋群岛和印度洋一带。从此，又于永乐五年九月底，七年九月下旬，十一年十一月、十四年十二月、十九年正月、二十二年七月，历经三朝，七次出使。在长达28年的时间里，先后到了占城、爪哇、真腊、旧港、暹逻、古里、满剌加、渤泥、苏门答剌、阿鲁、柯枝、大葛兰、小葛兰、西洋琐里、琐里、加异勒、阿拨把丹、南巫里、甘把里、锡兰山、喃渤利、彭亨、急兰丹、忽鲁谟斯、比剌、溜山、孙剌、木骨都束、麻林、剌撒、祖法儿、沙里湾泥、竹步、榜葛剌、天方、黎伐、那孤儿等30多个国家。他的踪迹所至，既加强了中国和各国人民之间的友谊，又加强了彼此之间的经济往来。郑和的航海记录的最终完成，比哥伦布发现美洲、比达·伽马到达好望角要早半个多世纪。他在世界外交史、航海史上，写下了辉煌的篇章，表现了回族人民令人震惊的毅力。可是，张廷玉等撰写《明史》时虽然也承认郑和航海是“明初盛事”，但却把他放在“宦官”栏里，并且

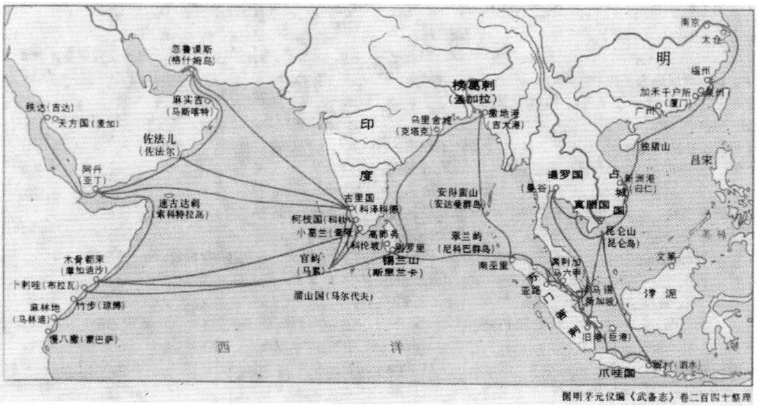

郑和下西洋图

只给他757个字，令人遗憾!

但是，历史是铁打的，是谁也更改不了的。时至今日，伟大的航海家郑和的雕像仍然矗立在美丽的滇池边上。他远望前方，显得那么英武，果敢，坚强……

远望着浩淼的海洋，
踩踏着滔天的大浪；
你，像一个驾驭天马的骑手，
咀嚼着千百年的辉煌!

我仿佛看到，你的眼神里，
闪烁着和平的渴望——
你指挥着浩浩荡荡的船队，
奔向遥远的古里，旧港……

那可真是威风八面啊——
在大洋上，写下风雷的交响；
也写下中国回族的骄傲，
豪迈——勇敢——坚强!

如今你老了，你仍然——
盯着狂风，盯着滔天恶浪!
你腰间的宝剑又呼啸起来，
劈云斩雾，指向奔涌的海疆!

历史走进十六世纪。盛极一时的朱明王朝开始走了下坡路。当时，政治腐败，危机四伏；为官的结党营私，残害人民；老百姓民穷财尽，走投无路。社会上甚至传开了一首民谣：“天子重权豪，开言惹祸苗，万般皆下品，只有奉承高。”

郑和墓

在这种情况下，老百姓多么希望能出现一个抑强扶弱、刚正清廉的好官、清官啊!

就在这时，海瑞出世了。

海瑞[①](1515–1587)，字汝贤，又字国祥、国开，自号刚峰，广东琼山(今海南海口)人。高祖海逊之，曾任广州卫指挥。曾祖海答儿，曾从军海南，落藉琼山。祖父海宽，曾任闽中知县。父亲海瀚是个禀生，因不治生产，只能靠着祖上留下的十亩薄田艰苦度日。

海瑞四岁时，海瀚病逝。从此，海瑞只好与母亲谢氏相依为命，刻苦读书。

嘉靖二十八年(1549)，海瑞中举，并进入仕途，先后担任过福建南平儒学教谕、浙江淳安知县、江西兴国知县、户部主事、兵部主事、尚宝司丞、大理寺丞、南京右通政、应天巡抚，最后卒于南京吏部右侍郎任上。

在长达34年的时间里，海瑞做了许多利国利民的好事。但是，最主要的、为当时也为后世所传诵的，则是他刚直不阿的品质、打击强权的勇气。

淳安任上，拿办总督之子。

史载：浙江总督胡宪宗之子路过淳安时，因嫌驿站招待不周，便吊打驿吏。海瑞知道以后，不顾顶头上司的权势，当下便拿办了这个花花公子。

兴国任上，严惩尚书之侄。

海瑞任嘉兴通判时，由于得罪了权相严嵩的亲信，因此受到诬陷，被降任到地僻民穷的兴国知县。他刚到那里便听说前任兵部尚书张鏊的侄子张豹、张魁在当地榨取民财、欺压百姓，他于是顶着巨大的压力将他们拿下，送交知府。可是，海瑞万万没有想到，官官相护的张鏊又四处活动，将他们释放。这时的海瑞已经到了忍无可忍的地步，他勃然大

① 《海瑞集》。

怒，据理力争，这才把这两个人治罪，最终平了民愤。

户部任上，上疏骂皇帝。

嘉靖四十五年(1564)，海瑞调任户部主事。其时，嘉靖皇帝已有20多年不理朝政，终日炼丹求仙，妄想长生不死；大修寺院，劳民伤财，搞得国家“吏贪官横，民不聊生，水旱无时，盗贼滋炽”，海瑞于是做出了他一生中最为悲壮的一件事——给嘉靖皇帝奏了一本《治安疏》，这就是有名的《直言天下第一事疏》。在这本上疏里，他直言不讳地说，“陛下之误多矣”，陛下“不及汉文帝远矣”，甚至连嘉靖皇帝的年号也不放过，说：“嘉靖者，言家家皆净而无财用也！”

海瑞墓

上疏前，海瑞明明知道这样做会招来杀身之祸，但出于忠心，他还是“披肝胆为陛下言之”。果然，上疏以后，海瑞便被捕入狱。多亏了嘉靖不久死去，他才在新帝继位以后，被释放出狱。

海瑞生活在一个黑暗如漆的年代。面对当时危机四伏、风雨飘摇的现实，他对当时的政治、当时的贪官污吏进行了坚决的斗争，甚至冒死上疏，斥责皇上。他的骨子里始终流淌着回族人的鲜血，他的心坎里始终牢记着人民的苦难。刚直不阿，为民请命，屡遭诬陷，百折不挠，表现了一个穆斯林政治家的铮铮铁骨。

回族人民，每个人都把“爱国是信仰的一部分”牢牢地刻在心上。当祖国需要的时候，他们都会以身许国，挺身而出。在元代，回族先民被迫离开自己的祖国以后，身经百战，做出了巨大的牺牲；在他们被编入“回回军”、“西域亲军”、“探马赤军”以后，又马上参加了灭亡金、灭亡西夏、灭亡南诏、灭亡南宋的战争；再加上后来“随地入社”参加屯垦的人，终于形成了“元时回回遍天下”的局面。

在明代，徐达、常遇春、胡大海、丁德兴、冯胜、冯国用、沐英、蓝玉等十位穆斯林开国元勋，还有科举入仕的治世文臣、领军武将，都为朱明王朝的发展、强盛做出了重要贡献。

常遇春驻军通州时在此建寺图为新修的常营清真寺

对于回族人民的爱国的精神、战斗的力量，孙中山先生给予了高度评价。他说：“中国民族运动，非有回族之参加，难得最后之成功；打倒帝国主义之工作，非有回族之整个结合，亦势难完成也。”在近代，由于各国列强不断入侵，广大回族穆斯林的爱国之心也就表现得更为充分。

第一次鸦片战争——郑国鸿[①]血战定海

1840年，第一次鸦片战争打响了。穷凶极恶的英军在败走广州以后，又乘浙江防务空虚之机，攻占了定海。

看着祖国的土地被别人烧杀抢掳，处州总兵郑国鸿、寿春总兵王锡朋、定海总兵葛云飞气愤填膺，奋勇反击，终于在第二年二月把失去的城市收复回来。可是，败亡的英国人却死不甘心，于是又一次发起进攻。

作为一个回族将领，郑国鸿深深懂得：“爱国是信仰的一部分。”他毅然决然地跑到阵地上督兵坚守。当他发现一艘艘敌舰攻打上来的时候，马上命令自己的部下发起进攻，用燃烧的炮弹击断首船的桅杆。一向号称日不落国的英军哪里见过这种阵势？他

① 见《清代七百名人传·郑国鸿传》。

们在逃走以后，又马上转过身来……

面对仇敌，郑国鸿表现出强大无比的勇气，他用重炮轰击敌人，他用谋略毁其营帐；在阴雨连绵的天气下，仍然站在泥沼中指挥战斗，以很少的兵卒抵挡住两万敌军的进攻。由于援军迟迟不到，5000名将士大部牺牲，许多个海口要隘也相继失守，形势变得更加严重。这时，郑国鸿想都没想，骑着单骑，闯进敌营……战斗到最后，他，还有定海总兵葛云飞、寿春总兵王锡朋，浑身上下，伤痕累累；赴汤蹈火，为国捐躯。这个不幸的消息传到皇上那儿以后，道光皇上对于将士们效命疆场的行为大加赞扬，谕曰：“此次转战六昼夜，陆路杀敌之寿春、处州官兵，均极勇敢，剿杀英人一千数百名。因……众寡不敌，以致失守。览奏为之坠泪。该总兵等奋勇杀敌，效命疆场……葛云飞、王锡朋、郑国鸿，俟定海收复后，建立专祠。”

三总兵纪念馆

根据皇上的谕旨，咸丰元年(1851)，在郑国鸿的老家湖南凤凰厅为他建立了专祠，永久纪念。

第二次鸦片战争——沙春元死守大沽

咸丰元年(1851)，第二次鸦片战争爆发。英法联军攻陷广州以后，接着北上，进逼大沽，威胁京师。

为了抵挡敌人的进攻，清军在大沽两岸建起炮台：都司陈毅守南炮台，游击沙春元守北炮台，他们做好了一切准备，督军防守，合力迎击。

咸丰八年五月二十日，英法联军进入大沽口内，接连不断地猛轰两岸炮台。

在严酷的战斗中，清军虽然也曾重创敌舰，毙伤敌人100多人，但终究寡不敌众，就连陈毅也在战斗中献出了宝贵的生命。

看着眼前牺牲的将士，一把愤怒的烈火在沙春元心上燃烧起来。他要为死去的亲人报仇，他要用自己的生命保卫住脚下的每一寸土地!这时，他的身上象注进一股强大的生命

大沽炮台

力，他再一次挺直腰杆，在猛烈的炮火中，在炮台上指挥战斗。

部下：“沙帅，这里太危险了，你还是下去躲一躲吧!”

春元：“住嘴!当此国难之时，每一个人都应该以死报国!想我沙家，深受国恩，我怎么能临阵脱逃呢？”

就在这时，只见一发炮弹忽地打来，沙春元躲闪不及，当场殉职……

八国联军进犯北京——马福禄[①]战死正阳门

戊戌政变以后，为了防止帝国主义瓜分中国，北洋大臣荣禄于1898年9月9日，调董福祥部清军进驻京畿。

就是在这种情况下，时任简练军(隶属甘军)督带兼步兵管带的马福禄和时任骑兵管带的马福祥带着家乡河州的回民子弟及东乡、保安的穆斯林兄弟来到正定。他们在廊坊车站狠狠打击敌人以后，又根据上级的命令，调守正阳门城楼。想想肩上的重担，马福禄对马福祥说：“我辈惟有恪遵朝命，以身报国。”表达了血战到底的决心。

六月六日这天夜里，天上忽然下起了大雨，电闪雷鸣，昏天黑地。这时，马福禄忽然发现敌人的敢死队偷偷摸上来，他马上组织队伍进行反击。

马福祥

谁都知道，马福禄不是一般的人，他小时候练过武艺，所持大刀重八十斤，挥舞如飞；所举石锁重二百斤，运用自如。现在终于有了报国的机会，他岂能放过？他大吼一声，猛扑过去。就在这时，一颗飞弹射到马福禄的嘴里，并且从脖子后边穿了过去……

历史永远记住了这一天：一九〇〇年六月七日……

① 《清史稿》卷四九五《马福禄传》、丁明俊《马福禄传》。

历史也永远记住了此时此刻牺牲在正阳门前的、46岁的振威将军马福禄，还有他的从兄马福恒、马福宣，还有他的侄子马兆图、马耀图，还有跟随他多年的100多个回族、东乡族、保安族的穆斯林将士，他们用自己的英雄虎胆壮了国威，他们用自己的鲜血染红了生养自己的土地……

同样，当那些不义之师威胁到友好的邻邦时，回族儿女也会以誓死如归的气概，勇敢地为正义而战。

马 维 骐①

1883年，中法战争爆发。37岁的参将马维骐跟着岑毓英出师越南。这对马维骐来说，可以说是求之不得。他记得小时候听老师讲马援传时，便立志效命疆场，保卫祖国，现在终于有了这个机会。开始，他们驻军兴化，应援北宁，屡挫法军；后来为了进攻宣光，他又穿着越南服装，深入敌区，侦察敌情，并绘制了地图，从而保证了战斗的顺利进行。后来，他又救援了被法军包围的刘永福的黑旗军，还助攻了临洮。据统计，在赴越参战的四位回族将领中，马维骐功劳最大。战后，迁升副将，并赐号博多欢巴图鲁。

左 宝 贵②

1894年8月初，奉宁主帅左宝贵忽然接到清朝政府的一道命令，命令他和马玉昆、卫汝贵、韦升阿一起，马上开赴朝鲜，去支援先期入朝的叶志超、聂士成的队伍，去抗击日本侵略者。

左宝贵临阵指挥

左宝贵心里清楚，面对日本侵略者的侵略，以北洋大臣李鸿章为首的主和派和以裕禄为首的主战派斗争非常激烈。要不是全国人民抵抗的呼声，清朝政府是不会下这个决心的。他知道今后的道路还很长，也很坎坷，所以这次出发前，他特意跑到杜格·克里斯蒂的家里告别，他说：“这次……我怕是不会回来的了!”

---

① 《清史稿》卷四五九《马维骐传》、《清史列传》卷六四《马维骐传》。

② 《清史稿》卷四六六《左宝贵传》、《清史列传》卷六零《左宝贵传》。

果然不出所料，在援朝的四路大军赶到平壤时，日本的兵力已经陆续开到朝鲜。而战败的叶志超、聂大成不但跑得无影无踪还谎报军情，饰败为胜，从而获得了清廷统领诸军的任命。

大敌当前，叶志超等人不但不积极备战，反而“置酒高会”，想要溜之大吉；而左宝贵却日夜操劳，以致“右偏中风”。当他发现叶志超不战而退时，便毫不留情地怒斥道：“若辈惜死可自去，此城为我冢矣!”

激烈的战斗终于在平壤城北的主战场上打响了。当时，平壤北门——玄武门外有一座牡丹台，清军在台上建立了一座堡垒，又从城东北向城西南建立了四座垒台。作为防守城北的清军主帅左宝贵手下仅有3000兵力，而发起进攻的日本兵却有8000人!大敌当前，左宝贵面临着严峻的考验!

日本人都知道左宝贵的威名，也都知道“左宝贵不死，平壤不可得”，他们于是倾巢出动，用优势的山炮向玄武门发起进攻。他们在攻下四个垒台以后，对牡丹台形成了三面合击之势。

从战斗一开始，左宝贵即在玄武门上凭险据守，指挥战斗。当他发现牡丹台失守以后，知道大势已去。他马上按照伊斯兰教规做了大净，然后换上御赐衣冠，穿上黄马褂，戴上翎顶，继续指挥战斗。

手下的将士们见日本的排炮“专注”地向左宝贵打来，都劝他赶快换掉衣服，以免招来横祸。这时，左宝贵忽然发现身边的炮手牺牲了，他马上手燃大炮，裹创指挥……

就在这时，敌人的一发炮弹打到左宝贵的肋下。左宝贵裹了裹伤口，突然站起，继续指挥战斗。谁都没有想到，紧接着，又一发罪恶的炮弹打来，左宝贵胸前中弹，象一座山一样，轰然一声倒在地上……

在中日甲午战争中第一个壮烈殉国的清军将领、回族人民的优秀儿子左宝贵，他是如此地勇敢，如此地忠诚，如此地威武不屈!

马毓宝(1894—1918)，字善楚，云南昆明人。他自幼聪慧，胸有大志。15岁时，入省

立高等学堂实科学习。18岁时，从陆军讲武学校送南京军官学校学习。19岁以后，在孙中山先生辛亥革命的影响下参军入伍。

马毓宝在蒙自任保安团教训官期间，认识了法国驻滇领事福拉远，从他那里知道了欧洲及第一次世界大战的情况，从而激发了他到欧洲去参加实战的想法。在福拉远的帮助下，他先到越南，后来又在摩洛哥和阿尔及利亚的法国驻军内服役。在中国加入协约国对德宣战以后，他又加入到法国外籍志愿军团义勇敢死队。在战斗中，他虽然头部中弹，还中了德国人施放的毒瓦斯氯气弹，但是为了人类的正义事业，为了祖国的荣誉，他仍然坚持战斗，不下火线。他说："诸公爱吾，吾何敢自爱，而使人疑吾为怯耶!"

1918年，英法联军对德国发起全面进攻。在几十万人参加的激烈战斗中，24岁的马毓宝身先士卒，顽强战斗。可是，就在他离最后胜利还有12天的时候，9月2日，他却倒在了索姆河边的土地上……

1919年，国内对这位抗击德国法西斯而献出宝贵生命的青年军人举行了各种各样的追掉会。

孙中山先生为他题写了挽联："黄胄光荣"。

黎元洪总统为他特书了大幅横联："邦家之光"。

云南省回教俱进会为他赠送了巨型木匾："中国有人"。

而他，却长眠在那个遥远的地方，长眠在埃纳河畔维克城的陆军公墓里。

鲁迅先生说："每当历代势衰，回教徒必有动作……"历史一再证明，每当政治腐败，人民无法生活下去时，回教徒总是勇敢地起来斗争，用自己的鲜血争取一个宽松的生活环境。

清朝末年，在太平天国的影响下，杜文秀领导了滇西南回民起义。他在就任大理国总统兵马大元帅时明确宣布：“驱逐鞑虏，恢复中华，剪除贪污，出民水火”，表示了斗争到底的决心。杜文秀是一位站在中国近代史前沿的历史人物。他胸怀广大，深明大义。后来，因为太平军起义失败，清朝政府便把大批人马调到云南，迫使义军不得不退守帅府。

杜文秀血战归来以后，按照伊斯兰的教规洗了阿布代斯，又请河州老巴巴念了“讨白”，然后才坐上黄呢大桥，大义凛然地向着清军的大本营走去。此时，跪在道路两边的文武百官和平民百姓全都在低头哭泣，送别自己的民族英雄。轿子出了大理北门以后，杜文秀赶忙把准备好的孔雀胆放到嘴里。“咱是回回”!杜文秀想，“咱就是死了，也要让他们看看咱老回回的血性，刚烈，咱是打不跨的!”

此时，苍山上忽然卷起风涛，洱海边忽然卷起巨浪。它们象是在和着百姓的哭声，控诉罪恶的清王朝!

杜文秀反清起义失败以后，一部分义军跑到西藏高原，还有一部分义军被迫移居泰国!

在杜文秀领导的滇西南回民起义以后，在中国大西北也爆发了回民大起义。当时，陕西的白彦虎、灵州的马化龙、河州的马占鳌、西宁的马桂源、肃州的马文禄、乌鲁木齐的妥明也先后起义。轰轰烈烈，浩浩荡荡，沉重地打击了清王朝的腐朽统治。其中，白彦虎领导的义军，从关中打到金积堡，又从金积堡打到河州、西宁、肃州，历时11年，转战大西北，最后在万不得已的情况下，出走俄国，落脚到托克马克。一直到无常以前，白彦虎还嘱咐他的后人说：“娃呀，将来回到长安，一定要拍拍四个城门的门环，告诉他们，‘白彦虎又打回来了’!”。

白彦虎的这个愿望，一直到130年以后才得以实现。1991年10月3日，应陕西穆斯林对外文化经济促进会吴庆云会长之邀，白彦虎的后人回到了“历史祖国”[①]。笔者陪同他们游览了他们魂牵梦绕的古都长安。

① 来访的东干人称他们现在生活的地方为“祖国”，称他们先人生活过的中国为“历史祖国”。

白彦虎

早期落户中亚的陕西回回

对于同治年间的回民起义，孙中山先生和中国共产党人都给了很高的评价。孙中山说：“……没有马化龙领导的西北回族的抗清运动，辛亥革命不会如此顺利成功……”中国共产党人1940年10月10日在延安《新中华报》的社论里也明确指出：“在回族历史上，曾有马明心、白彦虎、杜文秀……等出类拔萃的民族英雄。”

历史走进了20世纪。在中国共产党的领导下，马骏、郭隆真、刘清扬、刘格平等一大批回族儿女，高唱着“爱国爱教”的战歌，投身革命。当时，马骏和周恩来、邓颖超一起，在天津组织觉悟社，出版《觉悟》杂志，与帝国主义、封建主义进行坚决斗争。在他不幸被捕押赴刑场时，他大义凛然，视死如归，唱着《国际歌》，英勇就义。刘格平在战争年代三次被捕。在狱中，他以把牢底坐穿的精神，和敌人进行了艰苦卓绝的斗争。“杀头不折腰气节高千古”（谷牧语），表现了一个回族共产党人坚定的信念和宁死不屈的革命精神。

马 骏

郭隆真

左2为刘清扬

1967年毛主席召见北京军区政委刘格平

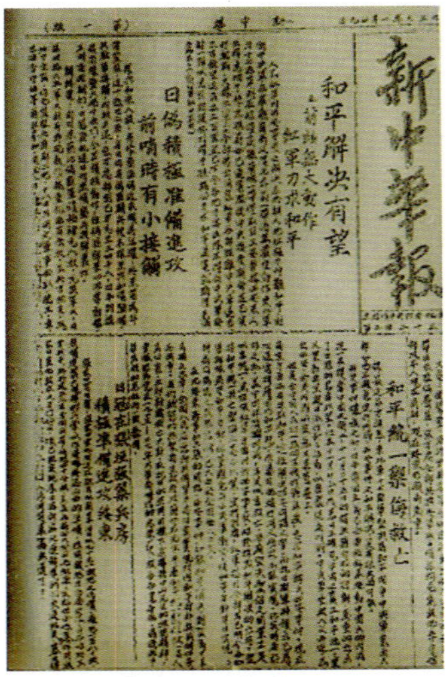

新中華報

和平解決有望

紅軍力求和平

日偽積極準備進攻

前哨時有小接觸

和平統一禦侮救亡

1937年，日本帝国主义发动了野蛮的侵略中国的战争。在中华民族生死存亡的关键时刻，广大回族人民，一呼百应，愤然而起，从华北平原，从六盘山下，从长城内外，从大江南北，吼出了一曲气贯长虹的《中国穆斯林进行曲》。

我们爱教，更爱祖国，青年的穆斯林勇敢前进。侵略者进攻，把他打回去！侵略者进攻，大家起来拼！用我们的热血，发扬穆圣精神，用我们的热血教训敌人，我们用热血捍卫祖国，青年的穆斯林勇敢前进！

回民支队战士

日本帝国主义大举入侵中国，冀中平原首当其冲。生活在那里的回族人民于是迅猛地组织起来，抗日队伍，铺天盖地；大刀长矛，风起云涌。安国的自卫队，献县的义勇队，定县的便衣队，文安的挺进军，各自为战，相互支援，撒下了消灭日本帝国主义的天罗地网。

此时此刻，生活在河北沧州的25岁回族青年刘震寰，带领着津南抗日游击支队六大队的弟兄们，勇敢地杀上战场。后来，因为斗争形势的需要，这支以回民为主体的抗日武装，1940年8月1日组建成“冀鲁边区回民大队”，1941年秋天改编为“冀鲁边区回民支队”，1944年改称为“渤海军区回民支队”。

马本斋

支队成立以后，马上和敌人展开斗争。他们采取灵活机动的战略战术，化整为零，变零为整，出其不意，以少胜多，创造了许多全新的战例。

经过严酷的反扫荡斗争，刘震寰率领的渤海回民支队从沧县打到黑龙江，又从黑龙江打到广西，驰骋疆场，誓死如归，为抗日救国做出了重大贡献。

中华人民共和国成立以后，支队又发扬连续作战的作风，保家卫国，抗美援朝。1954年末回国以后，因为政治形势需要，1955年初解甲复员。从此，这些把自己青春贡献给了祖国的英雄儿女，又在大西北的土地上，开始了一种全新的生活。

在抗日战争中，活跃在冀中一带的回族抗日武装还有马本斋领导的“冀中回民支队”。

马本斋，河北献县人，1901年生。年轻时，在东北军讲武堂受训后到张宗昌部，累官至团长。抗日战争开始以后，1937年8月在家乡一带创建“回民抗日义勇队”。1938年5月率部参加八路军，和活跃在河间一带的“冀中人民自卫军回民干部教导队”合编为“回民

马本斋母亲像

位于河北献县本斋村的纪念碑

教导总队”。1939年6月，“回民教导总队”编入野战部队，改称“八路军第三纵队回民支队”，马本斋任支队司令员。

冀中回民支队成立以后，在冀中平原、冀鲁边区和冀鲁豫地区以及平汉、津浦铁路沿线，展开了机智、灵活的游击战、地道战。在870多次的战斗中，消灭日伪军36700多人，战功赫赫，远近闻名。毛泽东称其为“百战百胜的回民支队”，冀中军区也赞扬它是一支“攻无不克，无坚不摧，打不垮，拖不烂的铁军”，号召各部队“向回支看齐”。

对于回民支队杀敌的勇气，日本侵略者恨得牙痛。他们在走投无路的情况下，把马本斋的母亲抓到县里，强迫她劝降自己的儿子。对于敌人的威逼利诱，马母义正辞严道：“杀剐存留，全凭你们，要我写信万万不能。”最后绝食而死，表现了一个普通的回族母亲对自己祖国的热爱，对日本侵略者的仇恨。

在马母逝世两年以后，1944年2月7日马本斋在山东莘县逝世，享年43岁。逝世以后，延安各界在延安清真寺为他举行了隆重的追悼大会。毛泽东挽称：“马本斋同志不死”。周恩来挽：“民族英雄，吾党战士”!朱德挽：“壮志难移汉回各族模范，大节不死母子两代英雄”。

在中华民族生死存亡的关头，回族人民怀着“爱国是信仰的一部分”的坚定信念，纷纷举起义旗。安徽的二龙清真营，津南的抗日救国军，江苏的竹镇回民游击大队，甘肃的陇东回民骑兵团等，如雨后春笋般出现在各地的战场上，对日本帝国主义展开舍生忘死的斗争。

为了寻求国际社会的支持，中国回教救国协会先后派遣“中国回教近东访问团”和“中国回教南洋访问团”，出访中东、东亚和南亚的许多国家。

1938年1月至1939年1月，以王曾善为团长、马天英为副团长，由薛文波、张兆理、王世明等一行5人组成的“中国回教近东访问团”，行程10万里，访问了印度、埃及、沙特阿拉伯、黎巴嫩、叙利亚、约旦、土耳其、伊拉克、伊朗等国。1939年12月至1944年秋天，以马天英为团长，由吴建勋、马达五等一行3人组成的“中国回教南洋访问团”访问了新加坡、马来西亚、文莱等国家和地区。

白崇禧

出访团的这些民间外交活动，向各国人民揭露日本帝国主义侵略中国的暴行，宣传中国人民抗战到底的决心，赢得了当地政府和各界人民在道义上的支持，物质上的帮助，也增进了中外穆斯林之间的友谊和理解。

在这里，我们必须说明：在国难当头的时候，无论是共产党还是国民党，但凡是一个有良心的中国人，都会用自己的生命，保卫祖国的每一寸土地。

抗日战争时期，在国民党方面，最有影响、最有代表性的人物，当是广西的白崇禧，大西北的马家军。

白崇禧[①](1893—1966)，广西临桂(今桂林)人，字健生。保定军官学校毕业以后，入伍从军，逐渐成为桂系代表人物之一。抗日战争时期，曾任国民政府军事委员会副总参谋长、军训部部长、监察委员会主席等职。他和李宗仁、陈济棠一起发动“两广事变”，要求中央对日宣战；他和李济深一起主张和平解决西安事变，一致抗日；他曾参与组织台儿庄战役和武汉保卫战；他曾领导长江以南第三、第四、第九战区，指挥桂南战役，收复昆仑关。同时，他还以自己特殊的身份，组织中国回教救国协会（任理事长），为抗日战争做了许多有益的工作。

在大西北的马家军里，最有名的是宁夏的马鸿宾[②](1884—1960)、马鸿逵(1892—1970)、青海的马步青[③](1898—1977)、马步芳(1903—1975)，在抗日战争时期，他们都曾被编入抗日军队序列，肩负起一定的抗日任务。马鸿宾任第八战区副司令长官、第十七集团军总司令及绥西防守司令等职。马鸿逵任第八战区副司令长官、第十七集团军总司令。马步青、马步芳任职第八战区东路总指挥部。

1939年夏天，日本板垣师团进犯绥西，威胁宁夏。当时，驻防绥西的马鸿宾部马上进行反击，首战告捷。因为绥西是一个军事要地，所以日寇在失败以后，又很快打回来，并施放毒气，进行垂死挣扎。

在这次战斗中，马家军伤亡很重。但是，他们被迫撤到北部沙窝地区以后，又马上配

① 邱树林：《中国回族史》，宁夏人民出版社，1996年12月第1版，第823页。

② 《宁夏三马》。

③ 《国民革命军发展序列》。

合傅作义部对日本帝国主义展开斗争。他们不但收复了伊克昭盟东北的大片土地，对保障宁夏、甘肃和陕北的安全，也起了重大作用。为了嘉奖马鸿宾在抗日战场上的功劳，国民政府特授予他忠勤勋章。同时也授予马鸿逵一等云麾勋章、胜利勋章。

这是北边——黄土高原上的马鸿宾的马家军，南边——青藏高原上马步芳的马家军，在抗日战争的形势日益高涨的时候，也按照国民政府的命令，组织一个暂编骑兵第一师开赴抗日前线。1938年1月，进驻陕西的临潼、潼关一带，负责保卫陇海铁路的运输。同年7月，调往河南的尉氏、扶沟、鄢陵、西华一带，阻击从开封南下的日军。在河南的战斗中，马家军打死了一半敌人，还有一半敌人被冰凌所困，溺水身亡。

附近的乡亲们闻讯赶来，特意送给马家军一把“万民伞”，赞扬他们为祖国争了光，为百姓出了气。

在历朝历代改朝换代过程中，回族都立下了汗马功劳；而在改朝换代以后，他们又遭到许许多多不公正的待遇。但是不管怎样，他们热爱祖国的一片忠心却始终没有变，他们又会用自己的一腔热血写下一页新的历史。

中国，回族穆斯林的家乡。千百年来，他们的心总是和祖国的平川沃野联系在一起，他们的血总是和祖国的长江大河联系在一起，他们的命运总是和祖国的前途联系在一起。在短暂的今世，他们生活在这里；在永久的后世，他们埋葬在这里。这里有他们赖以生存的土地，也有他们相依为命的亲人，他们热爱这里的山山水水，一草一木。

“爱国是信仰的一部分”。

这是世世代代的回族人高唱的忠诚的歌、生命的歌、爱国主义的歌!

第三章 回族教育(上)——「念经」

回族穆斯林的民族教育,始终都是双元的。通过「念经」,即通过具有民族特征的经堂教育,实现民族文化的传承;通过「念书」,即通过主流社会的教育,谋求主流社会的认同。

——手记

回族教育(上)——“念经”

> 回族穆斯林的民族教育，始终都是双元的。通过“念经”，即通过具有民族特征的经堂教育，实现民族文化的传承；通过“念书”，即通过主流社会的教育，谋求主流社会的认同。
>
> ——手记

在人类的历史上，一般民族都是先有民族，后有宗教；只有中国的回族是先有宗教，后有民族，所以他们把自己的信仰看得比什么都重要。一旦遇到有谁伤害了自己的感情，伤害了自己信仰的伊斯兰教，他们就会勇敢地、毫不留情地行动起来，贡献出自己的一切。

公元632年3月，亦即伊斯兰教历十年十二月，尊贵的至圣穆罕默德，率领阿拉伯半岛的穆斯林，浩浩荡荡地来到麦加，参加伊斯兰教历史上的第一次朝觐。

这是一个尊贵的日子。天显得特别蓝，阿拉法特山显得特别青，就连渗渗泉的水都显得特别明亮。穆斯林们来到阿拉法特山下，聚精会神地盼望着、等待着那个激动人心的时候。

终于，穆斯林大众的封印使者穆罕默德来了，他向着自己的教民阐述了伊斯兰教的宗旨、教义和法度，说明了穆斯林的职责，宣布了伊斯兰教的胜利。最后，他以安拉“启示”的名义庄严宣布：

今天，我已为你们成全你们的宗教，我已完成我所赐你们的恩典，我已选择伊斯兰做你们的宗教。（《古兰经》第五章：第三节）

从此，他把一些散漫的阿拉伯人团结成一个坚强的阿拉伯民族，他把一些粗野无文的人教化成一个讲文明有道德的民族，他把一个地理上的名称变成一个有组织的国家；伊斯兰教也从此走向世界，走向东方，走向古老的中国……

朝拜天房

穆斯林在阿拉法特山上

贵圣“告别朝觐”以后，许多穆斯林先贤踩着艰难险阻来华传教，有的人甚至无常在这里，葬埋在这里。广大的回族穆斯林没有忘记他们，而是把他们的精神、他们的行为，牢牢地刻在心底，并且一代接着一代地在民间流传。其中比较普遍的，有四大贤人之说：“一贤传教广州，二贤传教扬州，三贤、四贤传教泉州。”

一贤墓，即宛葛思墓。

宛葛思之墓在广州流花桥畔，亦称“蕃人冢”、“回回坟”、“响坟”。相传，宛葛思是唐朝初年来华传教的，曾到过长安，受到皇上的礼遇。病逝后，营葬于此。院内有牌坊、方亭、碑刻、客厅等设施。古木参天，竹木繁茂，空气清新，幽静雅洁。

宛葛思墓

二贤墓，即普哈丁墓。

普哈丁墓，俗称“回回堂”，亦名“巴巴窑”。墓在江苏省扬州市解放桥南堍、运河东岸回回堂内。墓建于南宋末年，清末重修。大门门额上题“西域先贤普哈丁之墓”。据传，普哈丁系先知穆罕默德女婿阿里支系第16世裔孙。南宋咸淳年间（公元1265—1274年）

来扬州传教，德祐元年（1275）7月20日归真以后，营葬于此。

这座先贤古墓内部建筑分为寺院、墓域两个部分，寺院包括礼拜堂和水房。墓域葬有普哈丁、法纳两座墓亭及其他人的坟墓，有宋代的，还有明代的。

普哈丁墓为阿拉伯式建筑，内部为圆形拱顶，外面的墙壁刻有《古兰经》铭文，肃穆，庄重。

普哈丁墓

三贤、四贤墓。

三贤、四贤墓又称“灵山圣墓”，座落在福建省泉州市东郊灵山南坡上。这里本来是一座不起眼的野山，可是，自从三贤、四贤葬埋在这里以后，这里便“夜光显发”。当地的人们觉得非常奇怪，于是便名之曰“圣墓”，或“西方圣人之墓”。

为了表示对这两位古代先贤的景仰，我在1995年去福州开会时，专门来到这里。搭眼一看，这里早已不是陵园，而是一座对外开放的游览圣地。可是，当我一步一步地走向坟墓的时候，却忽然发现大西北的穆斯林送来的大幅挽帐，还有当年郑和出使忽鲁谟厮前的“行香碑”。我赶忙念个嗦嘞，结个都阿，乞求万能的真主升高他们在天堂里的品级；然后又默默地看起阿拉伯穆斯林在伊历722年斋月（1322年9月）重修的这座古墓，还有石碑上的阿拉伯碑文：“穆斯林集体重修了这座吉祥的坟墓，此举为赢得尊贵的真主的喜悦和丰盛的报酬，并祈求真主的怜悯和祝福，愿真主保佑他们。此二亡者在法厄福尔时代来到这个国度，据传为有大德行者，因而死后由尘世抵达永世。人们因虔信他俩能赐福，一旦遭遇艰难，进退维谷，即前来瞻礼，默祷二者的庇佑，俱获益平安回返。”

三贤、四贤墓

啊，一切都变了，一切又都没有变。眼前山坡上古榕重荫，山坡下良田千亩，看得见望海楼的琼阁，听得到清净寺的宣礼声……既古老又神奇，给人一种心旷神怡的感觉。

灵山古墓一直受到中国政府和穆斯林大众的精心保护。清代康熙三年（1664）、乾隆十六年（1751）、乾隆四十八年（1783）、嘉庆二十三年（1818）、同治十年（1871）曾5次重修。中华人民共和国成立以后，1956年、1962年、1983年也曾拨款修葺，1963年还被列为福建省重点文物保护单位。

传说终究是传说，它虽然不可能象历史史实那样言之凿凿，但是它却可以反映出历史的影子。

在伊斯兰教传入中国的过程中，既有传教士的传播，也有使者、商人、旅行家、留学生的传播。至于在具体时间上，却很难有个统一的认识。但是，作为一个国家，却又必须以一个什么重大的标志把它固定下来。

据历史记载，唐高宗李治永徽二年八月乙丑，即公元651年8月25日，阿拉伯帝国第三任哈里发奥斯曼派遣的使者第一次来到长安，这标志着伊斯兰教开始传入中国。到现在，已有回族、维吾尔族、哈萨克族、东乡族、柯尔克孜族、撒拉族、塔吉克族、乌兹别克族、保安族、塔塔尔族等10个少数民族的约2000万人信奉伊斯兰教。此外，在汉、满、蒙、藏、傣、彝及其他一些民族中，都有一些人皈依了伊斯兰教，在香港还有一些加入中国国籍的外国人皈依了伊斯兰教。

在伊斯兰教在中国传播的历史上，汉族学者功不可没。

唐代天宝十年（751），安西节度使高仙芝以“无蕃臣之理”为由讨伐中亚的石国，因而引起西域各国和阿拉伯帝国的联合进攻。结果，联军在怛逻斯大败唐军，俘虏了许多官兵，其中就有万年人、杜佑的族子杜环。杜环在阿拉伯帝国生活了12年，直到宝应初年（762）才搭乘商船回到广州。回国以后，他根据自己的见闻写成了《经行记》一书，系统地介绍了伊斯兰教的最高信仰和礼拜斋戒等重要功课。如今，虽然此书已佚，但从杜佑《通典》的引文里，却仍然可以看到有关伊斯兰教义的概况。

卷一百九十三《边防九》文曰：

“（大食）一名亚俱罗，其大食王号暮门，都此处。其士女瑰伟长大，衣裳鲜洁，容

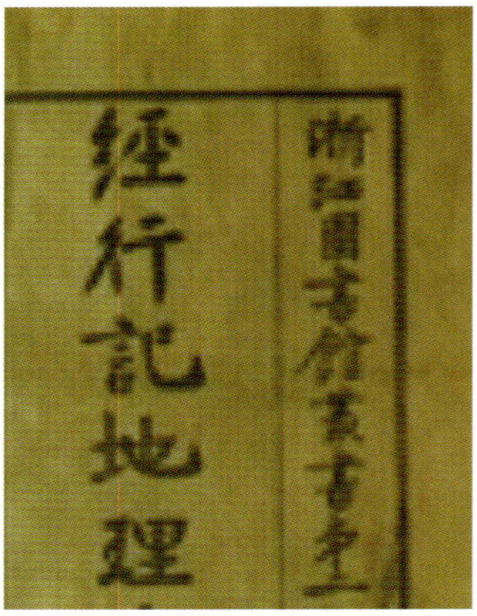

止闲丽。女子出门，必拥蔽其面。无问贵贱，一日五时礼天。食肉作斋，以杀生为功德。系银带，佩银刀。断饮酒，禁音乐。人相争者，不至殴击。又有礼堂，容数万人。每七日，王出礼拜，登高坐，为众说法，曰：‘人生甚难，天道不易。奸非劫窃，细行谩言，安己危人，欺穷虐贱，有一于此，罪莫大焉。凡有征求，为敌所戮，必得升天。杀其敌人，获福无量。’率土禀化，从之如流。法唯从宽，葬唯从俭。”

“诸国陆行之所经，山胡则一种，法有数般。有大食法，有大秦法，有寻寻法……其大食法者，以弟子亲戚而作判典，纵有微过，不至相累。不食猪狗驴马等肉。不拜国王、父母之尊，不信鬼神，祀天而已。其俗每七日一假，不买卖，唯饮酒，谑浪终日。”（注：最后三句，白寿彝教授认为是“不买卖饮酒，唯谑浪终日”之误。）

卷一百九十四《边防十》文曰；

“从此至西海以来，大食、波斯掺杂居止，其俗礼天，不食自死肉及宿肉，以香油涂发。”

《经行记》里的这段文字虽然简单，但内容却非常丰富，不只在《经行记》以前没有过，在《经行记》以后的唐宋记载中也没有过，所以白寿彝先生说：杜环是“中国人所理解伊斯兰教最早之一人”，《经行记》是“伊斯兰教义之最早的中文记录”，是“伊斯兰教法传布东方之第一声”；这件事“在中国伊斯兰教史上，也是一件应该大书特书的事”。

对于伊斯兰教的信仰、功修，在中国古籍里，除了《经行记》以外，在《旧唐书》、《新唐书》、《诸蕃志》、《岭外代答》、《往五天竺国传》、《心史》、《程史》里，也都有些记载，但都只是只言片语，不系统，不完善，真正形成一个伊斯兰教徒统一遵循的准则，那还是后来的事。

历史进入元代。这时，被蒙古铁蹄裹挟的阿拉伯、波斯、中亚各国各族穆斯林相继来华，以致出现了“元时回回遍天下”的局面，伊斯兰教也因此得到蓬勃发展。

就这样，经过几百年的融合发展，到了明代，这些外来的回族先民终于形成了一个独特的民族——回族。他们，还有他们信仰的伊斯兰教，也从此进入了一个全新的历史时期。

对于这些信仰伊斯兰教的回回、回族，历朝历代的统治者都非常重视；他们从自身的利益出发，想了一些办法进行管理。

唐宋时期，官方在回回居住的社区设置了管理回回事务的蕃长司。蕃长司里，由蕃坊中的穆斯林推选、再由政府委任都蕃长处理这里的事务。其筛海管理教务，尕锥管理民事。按照当时的规定，蕃客之间有矛盾了，按照他们本国的法律处理；蕃客和中国人之间有矛盾了，按照中国的法律处理，让他们享受一定的治外法权。

元代，官方也在回回居住的社区设置了同样的机构回回哈的司，用同样的办法选举头领，开展工作。但是，由于情况在不断变化，回回哈的司的职权也在不断变化：从开始设置到至大四年(公元1311年)，其职权一如既往；从皇庆元年(公元1312年)开始，回回哈的司的职权就只剩下了掌教念经。从此以后，“政教合一”的影子不见了，政治上的实际权利也被剥夺了。

明清以来，以清真寺为中心的教坊制开始形成。教务上实行伊玛目、海推布、穆安津的三掌教制，寺务上实行“学东”、“乡佬”或董事会制。从此以后，回族的一切活动，都只能在清真寺里进行，并且只能管理教务，而不能过问诉讼。这一切，诚如陈垣先生所说：“清人待回教徒至虐。”①

中华人民共和国成立以后，为了加强对清真寺的管理，在全国以及各个地方都成立了一个群众组织伊斯兰教协会，并且在清真寺里成立了寺管会。前者协助政府贯彻国家的宗教政策，后者办理一些具体的寺务工作。

但是，不管环境怎样，回族在主道上的追求都没有停止过。他们始终不渝地坚守着教门的六大信仰、五大功修。

六大信仰是：“信真主”、“信天仙”、“信经典”、“信使者”、“信后世”、

① 陈垣：《回回教入中国史略》，转引自中华书局《中国回回民族史》，2007年9月第1版，第716页。

女阿訇在给穆斯林讲卧尔兹

“信前定”：

信真主 信仰真主是信仰伊斯兰教的基础，并且要“心里诚信、嘴上承认”，不能有丝毫的怀疑。真主是独一的主，“诸天的主，大地的主，全世界的主”!(《古兰经》第四五章第36节)“他是至洁的，是健全的，是保佑的，是见证的，是万能的，是尊严的，是尊大的”。(《古兰经》第五九章第23节)“他没有生产，也没有被生产”(《古兰经》第一二三章第3节)。他无形象，无方位，无始无终。他“开天辟地”(《古兰经》第二一章第30节)，“他欲创造什么，就创造什么”(《古兰经》第四二章第49节)。他“主宰”一切。

信天仙 天仙是真主用光创造出来的，是不分性别，不分老幼，不吃不喝，也不睡觉的妙体，是人的肉眼看不到的。天仙遵照真主的旨意，执行真主的各项命令，各负其责。伊斯兰教认为，最著名的有四大天仙：吉卜利里(Jibrāil)传达安拉的启示，米卡伊来(Mìkā’il)管理生活俸禄，伊斯拉非来(Lsrafil)在世界末日来临时专司吹号，阿兹拉伊来(Mzrāil)专司死亡事宜。此外，还有纳基尔、蒙卡尔司管坟墓，里德凡掌管天园，玛利克掌管火狱，还有众天仙支撑安拉的阿尔什，等等。另外，在每个人的左右还有两位天仙，右边的记录人们一生的善行，左边的记录人们一生的劣迹。

信经典 经典是真主降示给使者们的，是借以引导世人的。它是真主的启示，而不是人类的语言，更不是某些人所能创作和仿拟的。伊斯兰教认为，真主在不同时期、不同情况下给不同使者降示过104部经典，其中《古兰经》中提到的有4部：达伍德的《则逋尔》(即《圣经·诗篇》)、穆萨的《讨拉特》(即《摩西五经》)、尔萨的《引支勒》(即《新约》的“福音书”)和穆罕默德的《古兰经》。所以，伊斯兰不仅要信《古兰经》，还要信真主此前降示的经典。但是因为“他们中确有一部分人，篡改天经”，“明知故犯地假借真主的名义而造谣”(《古兰经》第三章第78节)，因而人们只能按《古兰经》这部最后降示的经典行事。

古兰经

信使者 使者是真主“为怜悯全世界的人”而选派的“警告者”，他们负有传达真主命令、传布“安拉之道”的重大使命。伊斯兰教认为，真主“在每个民族中，确已派遣一个使者”(《古兰经》第一六章第36节)，共有十二万四千有零，其中《古兰经》中提到的有25位，品级最高的有5位：努海、易卜拉欣、穆萨、尔撒和穆罕默德，其次还有达五德、雅各、优素福、艾优卜。其中，穆罕默德是“真主的使者，和众先知的封印”(《古兰经》第三三章第40节)，就象他自己说的：“从前，列圣仅作为自己民众的圣人而被派遣，而我却被差遣为全人类的圣人。”[①]所以受到全世界穆斯林的特别尊敬。

信后世 伊斯兰教认为，一切生命和整个宇宙终有一天会全部毁灭，而代之以永久的、另外的一个世界，即“后世”。“今世的生活比起后世的生活来，只是一种［暂时的］享受。”(《古兰经》第一三章第26节)“其实，后世是更好的，是更久长的。”(《古兰经》第八七章第17节)“后世确是品级更高，优越更甚的。”(《古兰经》第一七章第21节)在世界末日到来时，任何人都要接受真主的“末日审判”：行善者进天堂，作恶者下火狱，即

穆斯林墓地

① 见《布哈里圣训实录精华》，中国社会科学院出版社，1981年版，第35页。

波斯语音译的“多灾海”。

信前定 “前定”是阿拉伯语“太克底尔”(Takdtr)的意译，又译作“定然”。伊斯兰教认为，一切都是真主事先安排的，不仅人们的生死、善恶、祸福、成败、贫富、美丑是，就是大自然的日月星辰、山川草木、四季变化、风电雷雨也是。《古兰经》说：“真主有天地的国权，他要惩罚谁，就惩罚谁，要赦宥谁，就赦宥谁。真主对于万事是全能的。”(《古兰经》第五章：第40节)“任何民族都不能先其定期而灭亡，也不能后其定期而沦丧。”(《古兰经》第一五章：第5节)“不得真主的许可，任何人都不会死亡；真主已注定各人的寿限了。”（《古兰经》第三章：第145节)这些，都说的是前定。当然，信仰前定并不排除人们意志的自由，人们完全可以运用自己的理智去思维，趋善避恶。

穆斯林女哈吉在阿拉法特山诵读《古兰经》

伊斯兰教规定，每个成年穆斯林除了内心世界遵信六大信仰以外，还要在行动上遵信五大功修，五大功修是：念(念作证词)、礼(礼拜)、斋(斋戒)、课(天课)、朝(朝觐)：

念 念“作证词”。“作证词”，阿拉伯语叫“舍哈代”(Shahādah)，意为“作证”。公开表白自己的伊斯兰教信仰，并宣读阿拉伯文的“清真言”：“万物非主，唯有真主；穆罕默德是主的使者。”

对于这项“功修”，不知有多少诗人写诗赞颂。短诗《圣纪》，形象地表现了人们在圣纪时“虔诚的心意”。

在一个写着都阿的房子里，
围坐着一群白帽回回。
没有表情，没有言语，
只有一颗颗心在颤栗。

他们只听过一些瓦尔兹，
还有祖传的逊奈，天启；

可是他们的血管里，
却淌着先民的血滴……

忽然，他们念起经来，
眼神里流露着虔诚的心意。
声音是粗犷的，雄浑的，
一声儿缓，一声儿急!

声音里流露着先民的智慧，
声音里显现着伊斯兰的伟力，
声音里走过浩荡的驼队，
声音里飘扬着绿色的旗!

一声声撞击着人们的心，
一声声撞击着长天大地!
这摇撼着多少代人的礼赞啊，
正托着一个民族崛起![①]

礼 礼拜。《古兰经》说：“拜功对于信士，确是定时的义务。”(《古兰经》第四章第103节)它是人们感赞真主和陶冶身心的最高礼仪。从大的方面讲，有天命拜、圣行拜和副功拜。具体地说，有每天的晨礼、晌礼、晡礼、昏礼、宵礼的五次礼拜，七天一次的主麻聚礼，每年开斋节和古尔邦节的两次会礼。此外，还有为归真的穆斯林举行的殡礼，即站“者那则”。当然，礼拜前和礼拜时还有许多具体规定，这就是“拜外六件天命”和“拜内六件天命”。

回族穆斯林会礼

对于这项“定时的义务”，教民们都看得很重，并且严格看守。只要礼拜的时间一到，人们便会“向着克尔白祈祷，向着天堂跋涉……”短诗《晡礼图》，形象地描绘了人们在戈壁滩上礼底盖儿时的情景。

① 见冯福宽诗集《绿色的黄土高原》，太白文艺出版社，1998年4月第1版，第42页。

夕阳，渐渐沉落——

染红野山，

染红天边云朵……

难道光明就要离开大地?

难道黑暗就要把世界吞没?

那些远行的人，赶忙滚下骆驼；

那些放牧的人，赶忙收住嘴上的歌；

那些抡着砍土镘的人，赶忙放下手里的活……

啊，人们默默地把心贴着群山，大漠，

也向着克尔白祈祷，向着天堂跋涉……①

斋 斋戒。按照伊斯兰教规定，每年伊斯兰教历九月(即莱麦丹月)为斋月。届时，一切健康的成年男女穆斯林都要进行斋戒，从天将破晓到日落西山不吃不喝，禁戒房事。当然，对于那些体弱带病、途中游子、孕妇乳妇等人，教法上则另有规定。伊斯兰教认为，斋戒可以使人体验到饥饿和干渴的滋味，锻炼意志，寡欲清心，纯正道德，从而使人变得心地善良，恻隐助人。先知穆罕默德圣人说："莱麦丹月到来时，天堂的门开了，火狱的门关了，魔鬼被戴上了镣铐。""斋戒是盾牌，可以隔避一切罪恶。"②

课 天课，法定的施舍。《古兰经》说："信道的人们啊!你们当分舍自己所获得的美品，和我为你们从地下出产的物品"。(《古兰经》第二章第267节)"你们当谨守拜功，完纳天课，与鞠躬者同齐鞠躬"。(《古兰经》第二章第43节)对于完纳天课的数量，《古兰经》没有具体规定。对于天课施舍的范围，《古兰经》说："赈款只归于贫穷者、赤贫者、管理赈务者，心被团结者、无力赎身者、不能还债者、为主道工作者、途中穷者；这是真主的定制。"(《古兰经》第九章第60节)

对于"天课"，陈克礼阿訇有过精辟的论述。他说："课的对象是财富，是有产阶级的义务。金钱如水一般，应该是流动的。不应该积藏起来，为少数人所把持。否则它便和

① 见冯福宽诗集《穆斯林之歌》，陕西人民出版社，1991年1月第1版，第105页。

② 见冯金源、铁国玺著《伊斯兰教文化百问》，今日中国出版社，1989年版，第26页。

水一样，停滞、发臭……有些人肥吃大喝，有些人啼饥号寒；有些人洋楼大厦，有些人陋巷破庙；有些人不劳而获坐享其成，有些人终年勤苦缺衣少食；有些人是主子是人，有些人是奴隶是牛马。由于贫富的悬殊，便产生了社会问题。伊斯兰制定天课的目的，便是扭转这种畸形现象，限制资本主义的无限膨胀，使贫富归于平均。”

朝 朝觐。《古兰经》规定：“凡能旅行到天房的，人人都有为真主而朝觐天房的义务。”(《古兰经》第三章第97节)伊斯兰教规定，凡是具备一定经济条件的成年穆斯林，身体健康，理智健全，人身自由，路途平安，一生中须去麦加朝觐一次。

中国哈吉朝觐途中

中国穆斯林在阿拉法特山虔诚祈祷

默默地向前走去——

用生命，

用一颗虔诚的心……

踩着艰难跋涉，

顶着风雪跋涉，

把太阳背过万里黄沙，

永远不回头！

黑夜里闪动着希望的曙光，

戈壁上活跃着生命的绿色；

在高山峻岭的那边，

朝觐者托起一个辉煌的麦加!

啊，默默地向前走去——

心里刻着一个信念，

身后留下一行脚印……[①]

在朝觐的日子里，不管你是属于哪个国家，也不管你是百姓还是国王，在沐浴受戒以后，都要用阿拉伯语念诵“台勒比叶”(“应命词”):

主啊，我应命而来了，我应命而来了!

独一无偶的主啊!我应命而来了!

赞颂、恩惠和大权皆属于你，

我应命而来了，主啊!

六大信仰、五大功修从一开始就成了回族形成的决定因素，成了回族区别于其他非信仰伊斯兰教民族的根本特征，成了回族生活中不可或缺的组成部分。

回族人都知道，阿拉伯——伊斯兰文化是他们的根，离开这个根就等于没有了灵魂，也就失去了自己存在的价值。所以不管离开先民的祖国有多么遥远，有多么长的时间，他们都要把学习阿拉伯——伊斯兰文化放在首位。

在明代，由于统治阶级实施了“片板不许下海”的锁国政策，外国的穆斯林想进进不来，中国的穆斯林想出出不去，以前从外国请阿訇的做法便遇到很多困难，清真寺里因此出现了后继乏人的现象。同时，统治者还禁止少数民族同类通婚，禁止他们穿民族的衣服，说民族的话，姓民族的姓，想方设法淡化他们的宗教信仰，民族意识……他们之所以要这样做，就是要断绝伊斯兰的文化根脉，扰乱回族的血缘关系，使回族汉化到当时的社会中去。

历史的灾难又一次降临到回族人民的头上!

为了挽救伊斯兰教，挽救回族，也为了对外宣传伊斯兰教的真经教义，先知先觉的回

① 见冯福宽诗集《穆斯林之歌》，陕西人民出版社，1991年1月出版，第87页。

族知识分子马上举起绿色旗帜，义无反顾地行动起来。在这方面，著名伊斯兰教学者胡登洲倡导的经堂教育和王岱舆等人的汉文译著活动，做出了重大贡献。

胡登洲墓

胡登洲(1522—1597)，字明普，陕西咸阳胡家沟人。他从小刻苦学习伊斯兰教经典和儒学著作，并立志将所学经典译成汉文，广布教义。传说他从麦加朝觐回来以后,深感中国伊斯兰教“经文匮乏，学人寥落，既传译之不明，复阐扬之无自”①，于是立志兴学。他吸收中国私塾教育的某些结构形式，并逐渐发展成为伊斯兰的经堂教育——在清真寺里招收学生，由这一坊的坊民解决学生的费用。

经堂教育有三种学制：一种是大学，专门培养阿訇；一种是中学，为成年穆斯林传习宗教知识；一种是小学，为少年儿童教授阿拉伯文字母和简单的经文、宗教知识。

经堂教育开设的课程，主要是经文大学开设的课程，虽然各地区、各学派不尽相同，但主要课程却大体一样，计有14种，俗称“十四本经”。其中用阿拉伯文写的有8种：《连五本》、《遭五》、《满俩》、《白亚尼》、《伟戛业》、《者俩来尼》、《戛遵》、《凯俩目》；用波斯文写的有六种：《圣谕译解》、《艾尔白欧》、《侯赛尼氏经注》、《昭元密诀》、《归真要道》、《古力斯坦》。

在这种情况下，陕西成了“中国回教文化发源地，亦中国回教最高学府所在地”②，全国各地学子都到这里来求学。据清代赵灿《经学系传谱》记载，胡登洲培养出许多成名弟子、再传成名弟子，分布在全国的许多地方，形成了不同的学派：以胡登洲为代表的陕西学派，以周太爷为代表的兰州学派，以常志美为代表的山东学派，以马德新为代表的云南学派。这些学派的形成和各地经济、文化的发展情况有很大关系，和各地的宗教传统和风俗习惯有很大关系，和创始者的学历修养也有很大关系。但是不管怎样，谁都必须承认:在伊斯兰教的传播上，胡登洲做出了开拓性的重大贡献；他所倡导的经堂教育，也在中国伊

① 赵灿：《经学系传谱》。
② 庞士谦：《中国回教寺院教育之沿革及课本》。

经堂教育课本

斯兰教发展史上发挥了重大作用。

经堂教育在全国广泛传播以后，培养了一批又一批的宗教职业者，满足了穆斯林群众的宗教生活的需要。

但是，对于通用汉语的回族穆斯林来说，对于不信仰伊斯兰教的教外人来说，要真正了解伊斯兰教仍然存在着语言上的障碍，于是有些回族学者积极开展汉文译著活动，用儒家思想解释伊斯兰教，使伊斯兰教在更加广大的范围里和更加深刻的层面上迅速传播，既坚定了回族大众的伊斯兰教信仰，又加强了回族与其他兄弟民族（特别是汉族）之间的相互了解。

可以说，胡登洲的经堂教育想要培养的是“经政兼通，回而兼儒”的伊斯兰教职人才，穆斯林学者的汉文译著活动则是想以儒家思想阐述伊斯兰教义，即所谓“以儒诠经”。在汉文译著这件事情上，一般认为是由王岱舆开始的。其代表人物有张中、伍遵契、马注、破衲痴、刘智、马德新、马安礼、马联元等。如果从时间上看，可分为两个阶段：以金陵为中心的王岱舆、刘智的第一次译著高潮，和以云南为中心的马德新、马联元的第二次译著高潮；如果从内容上看，两个阶段也是不尽相同的：第一个阶段，集中在宗教哲学和典章制度上；第二个阶段则更加广泛，已经扩展到天文、地理、语法、修辞、甚至还有《古兰经》的翻译等。而所有这一切，都极大地促进了伊斯兰教在中国的传播和发展。

王岱舆(1368—1402)，名涯，号“真回老人”。其先祖系西域人，明代洪武年间来华朝贡，授职钦天监，赐居京师。王岱舆生于南京，从小学习阿拉伯文、伊斯兰教经典，后来又学习中国经史，宋明理学，佛道著作，是一

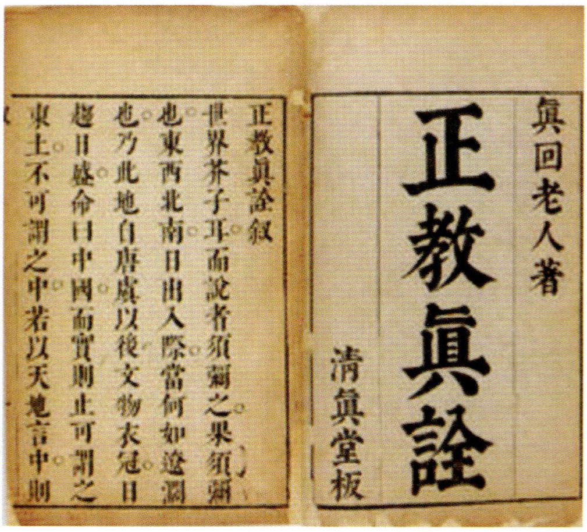
真回老人著
正教眞詮
清眞堂板

正教眞詮叙
世界芥子耳。而說者須彌之。果須彌
也。東西北南。日出入際。當何如遼瀾
也。乃此地自唐虞以後。文物衣冠。日
趨日盛。命曰中國。而實則止可謂之
東土。不可謂之中。若以天地言中。則

王岱舆著《正教真诠》

个“学通四教的回儒”。他将伊斯兰教义与中国传统文化相结合，敢“发人之所未发，言人之所不敢言”，“以中土之汉文，展天方之奥义”，为建立中国伊斯兰教哲学与教义学奠定了理论基础，人们称赞他说：“盖自正教入华以来，一人而已”。主要译著有《正教真诠》、《清真大学》、《希真正答》。

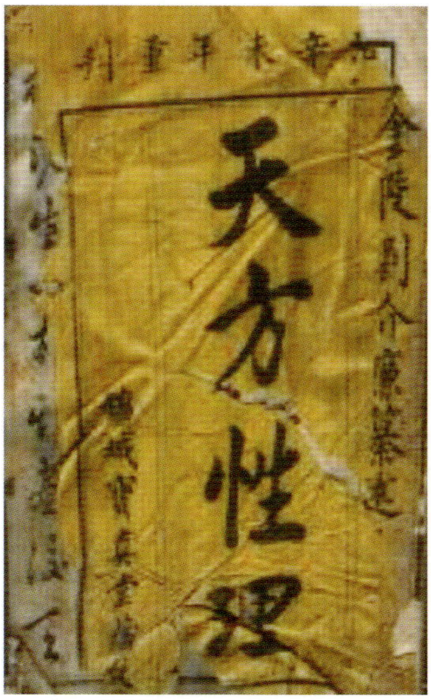

刘智(1660—1730)，字介廉，号一斋，江苏上元(今南京)人。教众尊为刘筛海。他幼承家学，精通阿拉伯文、波斯文。15岁开始钻研儒学经典、佛道经书、西洋文化，后来又北上京师，南游苏杭，寻师访友，切磋学术。晚年回到南京，埋头著作。他是中国近代伊斯兰教学术的集大成者，他译著的伊斯兰教经典受到当时和后代回、汉学者的高度推崇。所著《天方典礼》说的是教礼，用儒家经典研讨伊斯兰教五功；所著《天方性理》说的是哲学，用宋明性理之学剖析穆斯林“认主归一”的哲理；《天方至圣实录》说的是历史，用阿拉伯文和波斯文的有关史料记述了先知穆罕默德的世系、家世、生平和复兴伊斯兰教的过程，以及他个人的崇高品德，伟大成就及历史地位，是中国人编著的第一部穆罕默德传略和伊斯兰教简史。除此以外，他的著述还有《五功释义》、《真境昭微》、《天方三字经》等数百卷。

对于这位伟大的古圣先贤，人们只知道他对伊斯兰教的贡献。可是，又有谁知道为了自己的译著他所遇到的许许多多的困难呢？父亲死后，他把所有的钱都买了书，并且从此只管读书，而不事生产。因此家里人都很不理解，认为他是一个怪人。如果说，在他写作《天方典礼》、《天方性理》时还有人为他作序、为他刻版、为他校订，而在他写作《天方至圣实录》的时候，简直到了山穷水尽的地步。他在这本书的《著书述》里说：

……忆自初学以至于今四十余年，览遍诸家，读书万卷，天下名都胜迹游历过半，虽车尘驴背未尝废吟哦，而所成者无几，且未善也。著书岂易易哉！尤有难者，生无同志，业无同事，即族属亲友且以予不治生产为不祥，而予孳孳之意不息，笃志阐天方之学以晓中人。自立稿，自誊清，自修自润，而又不敢自是，乃裹粮负笈，历齐鲁，走都门，就正朝绅先达；由襄楚入西秦，访求宿学遗经；过吴门，游武林，越会稽，抵粤东，考文问字，阅胡氏天禄阁藏书……

……复寓三山市肆，日沉浸于钩提笔削。患乎求之难而得之易，得之易而成之复难。何也？造物之成就人处固多，而颠播人处亦多。人心之反覆，世道之崎岖，尘纷之抢攘，毁誉之凌渎，日无宁晷，心无宁刻。入室则伊唔嚅叽，假寓则是非糅杂，谋一椽可隐而力不赡。兄弟戚友，初未尝不爱吾居吾也，视吾迂腐疏狂，去之远之不暇，尝至一岁迁徙数处，无恒其友，凡皆造物之颠播我也。心志之苦，筋骨之劳，可谓至矣。然而志不可夺，乃去三山而就和阳之市，三阅月而《录》竟。计自辛丑二月发笔，迄今甲辰正月，三易春秋，十更居处，南北星霜数千里，三脱稿乃见小成。较之居旷庭，坐精舍，田亩丰给，朋侪讨论，一人创之而众人成之者岂不为尤难也哉？难于其学，复难于翻译；难于编著，复难于成；难于会通百氏而成一家之言，复难于以一人经理百务而无相为友。虽然，于至难中而有至美存焉，于至苦处而有至乐生焉……

圣训说：“学者的墨汁，其贵重不亚于烈士的鲜血。”从刘智的遭遇里，人们对贵圣说的这句话会理解得更加深刻了。

马德新(1794—1874)，字复初，云南太和(今大理)人。他幼承家学，随其父学习阿拉伯文、波斯文及伊斯兰教经典。及长，又北上长安，从胡登洲四传弟子、著名经师周良骏学习，得其真传，成为经师。道光二十一年(1841)至二十八年（1848）赴麦加朝觐，并到阿拉伯、西亚、东南亚各伊斯兰国家游学，和当地的学者、长老一起探讨“天方之学”。回国后，在云南各地设帐讲学，盛极一时。

马德新毕生致力于伊斯兰教义和文化的研究，“遵中国之礼，引孔孟之章，译出天道人道之至理，指破生来死去之关头”，成就卓著。著有汉文《大化总归》、《四典要会》、《宝命真经》（未完）、阿拉伯文《朝觐途记》、《道行究竟》、《天方历源》等30余种。

在马德新的有生之年，在他62岁的时候，他参加云南回民起义，反对清王朝的民族压迫。起义失败以后，残遭杀害。

汉文译著活动，在阿拉伯伊斯兰文化和中国传统文化的结合上，有非常重要的意义，学术界给了很高的评价，日本人桑田六郎甚至认为，这个时期是“中国回回史上之文艺复兴时期”。中国学者傅统先说：这是“回教徒以中国文字阐扬回教学术的开端”，“有凿山开石之功绩。”杨兆钧也说：“明末清初的伊斯兰教学者给中国伊斯兰教在理论上和形式上奠定了基础；在哲学、文学、建筑艺术、宗教教育、生活习俗各方面使中国穆斯林有了一个新面貌。”

对于这些古代先贤，对于他们想的说的做的行的，我们只能用自己的心去感悟，去体验，而不能拿现代的标准去要求，更不能用理性的思维去推断，去想象。只有这样，我们才能踏着他们的脚步，在主道上一步一步地奔向前方!

众所周知，伊斯兰教兴起不久，在阿拉伯世界便出现了逊尼派和什叶派两大教派。他们之间斗争不断，迄今未止。但是，传入中国以后，面对周围的、非穆斯林的社会环境，他们于是在尊奉安拉、跟随穆圣、遵循《古兰》的旗帜下团结起来，想尽办法保住自己的伊斯兰教信仰，争取更好地生存下去，发展起来。这种情况，一直到民国初年，与万福传“伊赫瓦尼”，中国伊斯兰教才开始分3派。不过，中国穆斯林的这些派别，不是逊尼派和什叶派的派别，而是逊尼派的不同支派而已。

格底木 阿拉伯文Qadim的音译，原意为“古老”、“古行”、“老教”、“尊古派”等。它是中国伊斯兰教流传最广、影响最大的一个教派。它严格遵守伊斯兰教的基本信仰、履行五项基本功课，重视长期形成的各种宗教习俗和传统的礼仪制度。对其他教派表示尊重，对社会上流行的其他宗教也能和平相处，被公认为是一个温和的教派。长期以来，格底木的“经堂教育”、“以儒诠经”的译著活动，对伊斯兰教的传播、发展都起过一定的作用。当然，在和汉族人民长期相处过程中，它也不同程度地受到汉文化的影响，在其礼仪中也渗入了不少儒家的东西。

伊赫瓦尼 阿拉伯文Ikhwān的音译，原意为“兄弟”。因其产生较晚，又被称为“新教”、“新兴教”、“新兴派”，因其主张“凭经行教”、“遵经革俗”，又被称为“遵经派”、“圣行派”、“新行派”。

19世纪末，甘肃河州东乡族著名阿訇马万福去麦加朝觐留学，深受当时沙特阿拉伯瓦哈比派思想的影响。回国以后，他结合中国伊斯兰教的实际，提出“凭经行教”、“尊经革俗”的口号，创建伊赫瓦尼派。

马万福倡导的，不是要赋予伊斯兰教新的内容，而是主张“一切回到《古兰经》去”，用伊斯兰教早期的面貌规范教民的礼仪操持，改革不符合经、训的风俗习惯。

马万福去世以后，伊赫瓦尼开始分裂。以尕苏哈只为首的苏派，坚持原来的主张；以尕白庄哈只为首的白派自称“赛来非耶”，主张礼拜时抬三次手，于是被人们称为“三抬教”。

西道堂 中国伊斯兰教派之一。更确切的说，它既是中国伊斯兰教的一个派别，又是农、商并重的一个经济集团。

公元1891年，甘肃临夏旧城人马启西(1857–1914)，在西凤山上开设私塾，他一面教授“四书”、“五经”，一面以刘智等人的汉文著述为依据宣传教义，受到广大回族穆斯林的欢迎。后来，他觉得自己的宗教思想趋于完备，于是在1902年脱离北庄门宦，另立组织“西道堂”。

西道堂从宗教上讲，它既坚持伊斯兰教的基本信仰，又在道堂里设立教主；它既在寺院里实行教坊制，又在仪礼方面重视宗教节日，兼有格底木和哲合忍耶的特点。从经济上讲，教主既是宗教领袖，又是道堂里世俗生活的总管；道堂里的全部财产都归道堂所有，也都由住在临潭的集体户和住在外地的个体户统一管理，统一分工，统一分配。关于经济方面的情况，可参阅本书第五章《回族商业》。

苏菲派 伊斯兰教神秘主义派别。阿拉伯文sūfi的音译，原意为“羊毛”。因该派成员身着粗毛织衣，以表示其虔诚的信仰和生活上的质朴，故名。

公元七世纪末八世纪初，生活在库法和巴士拉的穆斯林，由于不满意伍麦叶王朝的奢侈腐化的生活方式和尔虞我诈的宫廷斗争，于是想通过守贫、苦行和禁欲来表示反抗，求得内心的纯净和精神上的安慰。以后，逐渐发展，渐渐传到叙利亚、希贾兹、也门、埃及和波斯等地。17世纪初传入新疆，又从新疆传入内地，并形成虎夫耶、哲合忍耶、格底林耶和库布林耶等“四大门宦”。门宦在信仰方面，除保持伊斯兰教的基本信条外，还崇拜教主及其拱北。此外，在“教乘功课”之外，还进行“道乘方面”的修持，如隐居独修，沉思冥想，出家漫游，徒步朝觐等。

这些年，为了了解四大门宦真实的历史，我在西海固的荒山野沟里，在天山脚下的戈壁滩上，在一切可以出入的地方，走访了许多拱北，拜访了许多苏菲兄弟。直到这时我才深切地感到：这里是宗教的家乡——

在绝望的黄土层里，
活跃着一群坚定的灵魂——
在灾难、毁灭的光阴里，
抗拒着人生的厄运!

他们默默地生活在社会底层，
把一切都看得入木三分;
他们用充满血性的信仰，
种殖着一代代人的心!

多少人在前进中遇到坎坷，
却仍然呼喊着奋斗的精神;
也在浩浩荡荡的黄河里，
卷起人道，人性，人心!

在穆斯林的心中 ，最有权威的经典是《古兰经》。它被尊称为“安拉的语言”、“造物主的启示”。马克思也认为，《古兰经》是伊斯兰教“信仰和法律的源泉”。也许正是因为如此，一些非常严肃的穆斯林学者谁都不敢轻易动笔翻译，生怕走样失真，误己误人。

《古兰经》的汉文翻译工作，在经过300多年的探索以后，在经过摘译阶段、选择阶段以后，渐渐进入到通译阶段，马德新翻译了《宝命真经直解》。据说，马德新生前已经翻译了20卷，但是保存下来的却只有前5卷。所以，这本《宝命真经直解》虽然也可以说是《古兰经》的译本，但从严格的意义上讲，这只是一个节本。真正的通译本一直到20世纪才开始出现：1927年12月北平出版了第一部汉文通译本《可兰经》，它的翻译者是一个不识阿拉伯文的汉族学者铁铮。这之后三年，1931年3月上海出版了全译本《汉译古兰经》，它的主译者仍是汉族学者姬觉弥。这两位汉族学者的译著，对广大穆斯林学者来说，无疑起到了很大的促进作用，促使他们鼓起勇气，担负起译经的重任。

在这个领域，著名的经学大师王静斋阿訇，著名的伊斯兰学者、阿拉伯语言学家和翻译家马坚教授，做出了卓越的贡献。

王静斋（1879—1949），天津人。原名文清，以字行。他出生于经师世家，26岁时学成挂帐。曾到麦加朝觐，到爱资哈尔大学进修，到埃及、土耳其、沙特阿拉伯等国考察。回国后，曾主办《伊光》月报、宣传“遵经革俗”的主张，创办新式的中阿大学、发起组织“中国回教抗日救国协会”，并在北京、天津、黑龙江、台北等地设帐讲学，门徒甚众。

他学识渊博，通晓《古兰经》经注学、圣训学、教义学、教法学、凯拉姆学及伊斯兰教历史，精通阿拉伯语、波斯语，对古汉语、英语也有一定造诣。

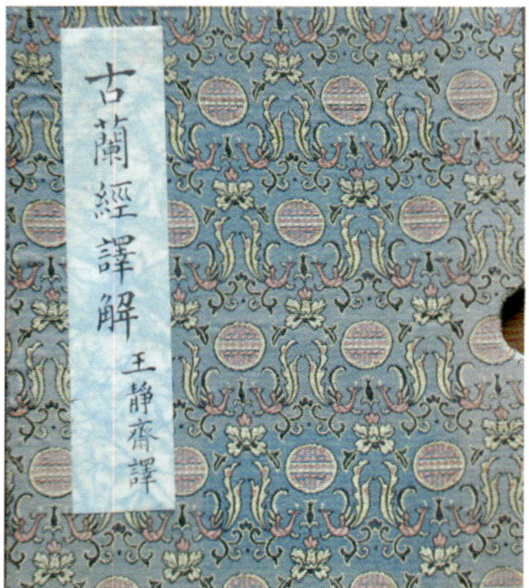

他毕生从事伊斯兰教研究工作，兢兢业业，一丝不苟。笔者年轻时在重庆清真寺听说，当年王静斋阿訇在这里非常艰苦：为了能有温水洗个阿布代斯，他就和满拉们一起捡柴烧火；为了能够节省一点儿灯油，他在天黑以前还在大殿前边的月台上译经。就这样，前前后后用了20年的时间，把《古兰经》从头至尾翻译了四遍。

除了一部手稿被毁于日寇的战火以外，其余三部分别以甲种本文言文、乙种本经堂语、丙种本白话文的《古兰经译解》出版。其中，丙种本白话文注解充实，引证丰富，深受广大穆斯林群众的欢迎。一再翻印，流传很广。王静斋阿訇的其他译著还有《回耶辨真》、《真境花园》、《五十年求学自述》等多种。

马坚译《古兰经》

马坚（1906–1978），字子实，云南个旧沙甸村人。1931年，到埃及艾资哈尔大学和达鲁米尔文学院学习。在埃及期间，他把《论语》等传统的中国文化介绍给阿拉伯世界。1939年回国以后，专门从事伊斯兰教教育工作，致力于翻译《古兰经》。他从20世纪40年代初用文言文翻译，到70年代中期用白话文翻译，时间长达30多年。在翻译“通译本”时，虽然左眼已经失明，右眼的视力也只有0.2，但他仍然孜孜不倦地工作。他翻译的《古兰经》，“忠实、明白、流畅”，深受舆论好评，也最为中国学术界所推崇。

为了加强中国和阿拉伯人民之间的友谊，马坚教授还积极热情地做了许多口译、笔译工作。1956年首都人民声援埃及人民反帝斗争时，还有1958年声援黎巴嫩、约旦人民反帝斗争时，中国政府的声明都是由马坚教授翻译并直接向阿拉伯国家广播的。

除这些外，马坚教授还多次为毛泽东、周恩来、朱德等党和国家领导人担任翻译，受到好评。20世纪50年代后期，毛泽东在郑州接见各国青年代表时，指着马坚教授说：“如果没有他，你们讲阿拉伯语我听不懂，我讲的汉语你们也听不懂，现在我们彼此都沟通了，不就是说我与马先生合作得很好么!”①

① 李振忠：《学者的追求——马坚传记》。

目前，《古兰经》在我国有以下几种译本：

序号	译本名称	译者姓名	出版年代	出版发行处版本
1	可兰经	李铁铮	1927年	北平中华印刷厂铅印本
2	汉译古兰经	姬觉弥	1931年	上海广仓学窘铅印本
3	古兰经译解	王文清	1932年	北平中国回教俱进会铅印本
4	古兰经译解	王静斋	1942年	宁夏石印红线装本
5	可兰经汉译附解	刘锦标	1943年	北平新民印书局铅印本
6	古兰经译解	王静斋	1946年	上海永祥印书局铅印本
7	古兰经大义	杨敬修	1947年	北平伊斯兰出版公司铅印本
8	古兰经译解	时子周	1958年	台北回教研究所铅印本
9	古兰经	马　坚	1981年	中国社会科学出版社铅印本
10	古兰经韵译	林松	1988年	中央民族学院出版社
11	对照详注古兰经	仝道章	1989年	南京译林出版社铅印本
12	古兰经	周仲羲	1990年	新加坡佳艺彩印公司铅印本
13	古兰经	马振武	1995年	北京宗教文化出版社影印本
14	古兰经新译	沈遐淮	1996年	台北新文丰出版公司铅印本
15	古兰经译注	李静远	2005年8月	世界华人出版社印本
16	古兰经译注	马金鹏	2005年10月	宁夏人民出版社印本
17	古兰经译注	马仲刚	2005年12月	宗教文化出版社印本

在伊斯兰教里，除了《古兰经》就要算《圣训经》，它是贵圣穆罕默德的言行录。在这方面，著名伊斯兰教学者、翻译家优素福·陈克礼做出了非常重要的贡献。

陈克礼

圣训经

陈克礼（1924—1970），河南襄城人。小学毕业以后即到清真寺学习伊斯兰经学，以后又到甘肃平凉陇东师范、北平回教经学院学习。他先后受教于伊斯兰学者王静斋阿訇和庞世谦阿訇，笃志钻研《古兰经》、《圣训经》及伊斯兰哲学、法学、教义学和伊斯兰史等。毕业以后，在北京大学东语系、中国伊斯兰教经学院任教。他写作、翻译了20多种著作，已经出版的有《从穆罕默德看伊斯兰教》、《圣训经》、《回教信仰基础》、《回教与社会》、《红色信笺》等。

陈克礼是个天才，他有超凡的悟性和非同一般的想象力。在他的《从穆罕默德看伊斯兰教·一版自序》里，他以诗人的激情写道：

暮冬，风夜；寂静中好像听见时间的生长。新的启示，成了生的活力。

穆罕默德，是伟大的；伊斯兰教，是优秀的；这已成世界上的定案与普遍的真理；用不着再饶舌了。

问题很多，都摆在眼前；咬着牙，忍着苦，走一步，才能少一步；急燥、忧郁、观望、说大话、靠别人，都不济事。

教门事，从头做起，从新估价；弃是绝不对的；不滞，不流；使过去与现实结合，使主观和客观联系；从归纳到演绎，从演绎到归纳；掌握自然与社会的发展规律，解剖宇宙与人生的奥秘；随着时代，向幸福的远景奔进，让穆圣在人们心里复活，让《古兰经》还原真精神，使伊斯兰社会化，化社会，大众化，化大众，成了人人的灯塔。

为了自己的信仰，他奋斗了一生。直到最后，热血耗尽了，心儿粉碎了，身体肢解了，希望破灭了……可是，在他生命的尽头，他却把大量的精神财富，把他的浩然之气留在了世上。他的代表作《从穆罕默德看伊斯兰教》如今已被译成阿拉伯文、印尼文、乌尔都文，在伊斯兰世界产生很大影响。

当译著活动成为回族的一种传统时，它就会产生一种巨大的力量，迸发出一片蓬蓬勃勃的生机。

纵观一路走来的译著的历史，完全可以说：明末清初是一个突飞猛进的历史时期，民国以来是一个空前活跃的历史时期，中华人民共和国成立以后是一个广泛深入、繁荣发展的历史时期。

在那个空前活跃的历史时期，阿訇、经学家，还有教内外的学者、教授，都在自己所从事的领域，做出了重要的贡献。

阿訇、经学家：

达浦生（1874—1965），著有《伊斯兰六书》；

王静斋（1879—1949），译有《古兰经译解》；

哈德成（1888—1943），发起成立“中国回教协会”，终生致力于伊斯兰教文化事业；

马松亭（1895—1992），创办成达师范，创办期刊《月华》，出版《成达文荟》。

穆斯林学者、教授：

马以愚(1900—1961)，著有《中国回教史鉴》等。

金吉堂(1908—1978)，著有《中国回教史研究》等。

白寿彝(1906—2000)，著有《中国回教小史》等。

傅统先(1910—1985)，著有《中国回教史》等。

还有，当时的阿林们还抓住军阀混战的机会，到他们失控的舆论阵地去宣传伊斯兰教的信仰，社会，人生。北京的马松亭和王梦扬合作，在当地的广播电台发表《回教与人生》的著名演讲；西安的丁麟祥也在当地的广播电台开办《伊斯兰教讲座》，并且一讲就是三年，影响很大。

在这里还必须提到，一些教外学者、外国学者也在回族、伊斯兰教的研究方面做出了重要贡献。

陈垣（1880—1971），著有《回回教入中国史略》、《元西域人华化考》。

罗迈（1896—1984），著有《回回问题研究》、《长期被压迫与长期奋斗的回回民族》。

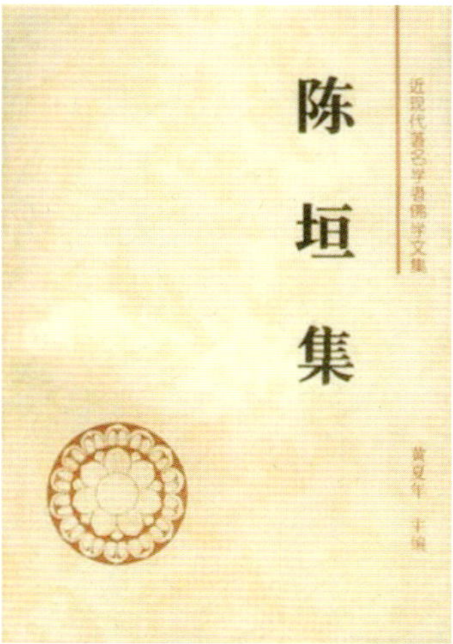

日本桑田六郎，著有《明末清初之回儒》。

日本桑原骘藏（1870—1931），著有《蒲寿庚考》。

就在那个动荡的民国时代，中国共产党在江西瑞金建立起红色政权，并在第五次反“国剿”失败以后，被迫转移到大西北的黄土高原上。

1935年10月19日到达吴旗；

1937年1月7日进驻延安。

中国共产党人早就知道，中国是一个多民族的国家，少数民族问题不仅是关系到“打天下”的大事，也是关系到“坐天下”的大事，所以他们从成立的那一天起便对这个问题非常重视。来到陕北以后，由于陕甘边区西边聚居着回族、北边聚居着蒙古族，所以他们便把这个问题提到议事日程上来，制订、下发了许多有关回族和伊斯兰教的文件、规定、通知，如《陕甘宁边区抗战时期施政纲领》(1939年2月通过)规定：“尊重蒙回民族之信仰、宗教、文化、习惯……”李维汉代表中共中央西北工作委员会起草的文件稿《关于回回民族问题的提纲》(载1940年《共产党人》第五期)规定：“尊重回族人民信奉宗教的自由，尊重他们的风俗习惯……反对和禁止任何侮辱与轻视回教的言论行动。”配合这些，1941年4月出版了《回回民族问题》、1941年10月25日《解放日报》发表了《回族概述》、《解放杂志》第6集印发了《回回问题研究》等。所有这些，对于更好地团结回族人民都起到了非常重要的作用。

在陕北的山梁山峁山沟山洼里，中国共产党人养精蓄锐，艰苦奋斗，整整生活了13个年头。

它在这里，构建了未来社会的模型；

它在这里，做了许多关心回族的好事……

而这一切的一切，如今都写进了历史：

如：毛泽东为新建的文化沟清真寺题写“清真寺”，并把它镂刻在古老的石牌坊上；

1940年9月，毛泽东同志为延安清真寺题写的牌匾

如：边区政府在经济极其困难的情况下，帮助回族人民建设清真寺，到1941年，“边区凡有回民之处，均有清真寺”[①]；

① 转引自《陕甘宁边区民族宗教史料选编》，陕西人民出版社，1991年4月第1版，第127页。

地区	寺数	建筑情形	建筑年月
定边	1	由各方人士及回民捐资兴筑，当地政府给予地基等帮助	1938年
盐池	2	原有	
曲子	1	寺基土地由政府捐赠，经费由政府帮助300元。	1940年
庙儿沟	1	寺基土地由政府捐赠，经费由政府帮助300元。	1940年
延安	1	由政府帮助洋7000元兴筑，由延安市政府给予地基。	1940年
新正	2	原有	1921年 1924年
三岔	1	寺基地由政府捐赠，经费由政府帮助一半。	1940年
合计	9		

如：共产党充分肯定了回族人民在历史上的伟大贡献，称中国伊斯兰教哲合忍耶门宦创始人马明心、称清代云南回民义军领袖杜文秀、称清代陕西回民义军领袖白彦虎为“出类拔萃的民族英雄”(见本书第二章《回族的爱国主义》)；

如：边区政府积极帮助回族人民发展教育事业，甚至在小学的功课里增加了“阿语”，也就是回族人民常说的“经字”(见本书第四章《回族教育(下)——念书》)……

作为一个全民族信仰伊斯兰教的回族，他们谁都没有什么非分之想。只要人们尊重他们的信仰，护佑他们灵魂深处的那块绿地；只要有一个洁净的清真寺礼拜真主，他们就从心底里感到满足。

而这一切，当时都有了。

“如果”，他们祈求着，“如果将来的社会能跟现在一样，那就太好了”！

可是，谁都没有想到，建国以后的“宗教改革”，却来了个“扩大化”，好象清真寺、阿訇，都不需要了；还有文化大革命中的极左思潮，好象沙甸、西吉都成了多余的东西!

毛泽东诗曰：

天若有情天亦老，

人间正道是沧桑!

文革以后，特别是改革开放以后，一切又都走上了正轨：砸烂的清真寺又恢复起来，嘹亮的邦克声又在坊上响起来，教经育人的经学院，如中国伊斯兰教经学院、北京市伊斯兰教经学院、宁夏伊斯兰教经学院、昆明伊斯兰教经学院、兰州伊斯兰教经学院、新疆伊斯兰教经学院、青海伊斯兰教经学院、河北伊斯兰教经学院、郑州伊斯兰教经学院、沈阳伊斯兰教经学院等也都开始招生，培养伊斯兰教的教职人员……特别值得一提的是，在这个历史时期，官方的也好，民间的也好，各地都成立了一些组织，出版了一些刊物，召开了一些会议。

如：1988年北京成立北京穆斯林文化学会，1990年陕西成立陕西穆斯林对外文化经济促进会，1998年全国成立中国民族学学会中国回族学分会。

如：1957年中国伊斯兰教协会创办《中国穆斯林》。文化大革命以后，全国各地相继创办了本省、本市、本地的穆斯林刊物。1978年昌吉回族自治州文联创办文学期刊《博格达》（后改名为《新疆回族文学》、《回族文学》），1991年宁夏社会科学院回族伊斯兰研究所创办《回族研究》。

如：1983年在银川召开了第一次《回族简史》座谈会，1985年在昆明召开了第二次《回族简史》座谈会，1987年在兰州召开第三次座谈会时，更名为“全国回族史讨论会”。这以后，1988年在承德、1989年在郑州、1990年在济南、1992年在西安、1995年在乌鲁木齐、1996年在郑州、1997年在黄山召开了同样性质的讨论会，有力地促进了回族史研究的深入发展。中国民族学学会中国回族学分会成立以后，根据形势发展的需要，继续召开了一系列这方面的会议。同样，《回族文学》创刊以后，也在全国各地不定期地召开了一些创作会、研讨会，积极地促进了回族文学的繁荣发展。

当然，在这段历史时期，也涌现出一批著名学者、教授和有影响的著作。

穆斯林学者、教授：马坚译有《阿拉伯通史》、纳忠译有《阿拉伯—伊斯兰文化史》、杨志玖著有《元史三论》、《中国和阿拉伯人民的友好关系》，勉维霖著有《宁夏伊斯兰教派概要》、主编《中国回族伊斯兰教宗教制度概论》、马贤著有《伊斯兰伦理学》(合作)、《碧海探赜》等。

还有冯今源研究员的一些著作。

冯今源，回族名伊布拉欣。祖籍山东陵县，1944年1月21日生于北京。1961年9月—1966年7月就读于中央民族学院(今中央民族大学)民语系维吾尔语专业。1978年9月考入中国社会科学院世界宗教研究所，开始从事中国伊斯兰教历史与文化研究工作，现为该所研究员、硕士研究生导师。

他是一个诚实的学者，他在学术研究上始终坚持立论的严肃性和客观的公正性，他把回族的历史作为中华民族历史的一部分进行研究，他把伊斯兰教在中国发展的历史作为中国文化发展的历史的一部分进行研究；同时，把宗教文化的共性与民族文化的个性很好地结合起来，高屋建瓴，具有重要的现实意义。

他是一个很有社会责任感的学者。为了自己的工作，他经常到基层、到边疆、到民族地区、到出现问题的地方去了解情况，然后再进行研究，并提出解决的办法。所以他的很多论文都是言之有物，有理有据，既具有很高的学术价值，又具有很高的社会价值。

他是一个辛勤的学者。几十年来，他孜孜不倦，忘我耕耘，写出了许多很有影响的学术著作：他出版了《三元集》、《中国的伊斯兰教》等多部学术著作，发表了几十篇关于伊斯兰教哲学、人物、建筑、医学、武术、文学等方面的论文；他与人合写了《伊斯兰教历史百问》、《伊斯兰教文化百问》、《古兰经百问》等10多部著作，与人合编了100多万字的《中国伊斯兰教史参考资料选编(1911—1949)》；他作为主编，编发了70万字的《引导宗教与社会主义社会相适应的理论与实践》；他作为主要撰稿人之一，参加了《宗教词典》、《中国伊斯兰百科全书》中关于伊斯兰教词条的撰写工作；他作为主要撰稿人之一，写了《中国伊斯兰教史》元代史部分。

冯今源的社会兼职有：北京民族联谊会理事、中央社会主义学院客座教授、北京伊斯

兰教经学院兼职教授等。1994年作为中国穆斯林朝觐团秘书长赴麦加朝觐。1990年荣获国家民委颁发的全国民族团结进步先进个人称号，1993年荣获国务院颁发的特殊贡献津贴。

此外，还有汉族学者、教授：马长寿主编《同治年间陕西回民起义历史调查记录》、邱树森主编《中国回族史》、金宜久主编《伊斯兰教史》、王怀德、郭宝华合著《伊斯兰教史》等。

中国是一个多民族的国家，民族宗教问题始终都是一个大问题，所以历朝历代的统治者都非常重视。历史上或剿或抚，或剿抚结合；或以汉治夷，或以夷治夷，但归根结底都是为了他们自己的统治。就是在这种情况下，那些回族的治世文臣、上阵武将，总有一些人念念不忘自己的伊斯兰教信仰。

明代开国元勋常遇春“生平勤斋拜，当戎马倥偬，□即入寺谈经习礼，虽在军中亦然。又请敕建礼拜寺于金陵城内……”①

清代云南义军领袖、总统兵马大元帅杜文秀，不仅他本人通晓伊斯兰经典，还经常劝导教民“遵守教义”，“照圣经所行”。掌权以后，仍大力资助和发展经堂教育，在帅府开设“回文学校”，颁刊中国最早的《古兰经》木刻本《宝命真经直解》，还有遗著《古兰释义8000题》。所有这些，都是为了开启心智，深化信仰，激励人们做一个真正的穆斯林。

还有清代西宁镇总兵、民国时期安徽省省长、蒙藏委员会委员长马福禄，他虔诚信仰伊斯兰教，热心伊斯兰文化事业。在他从政期间，刊印清代以来马注、刘智等汉文伊斯兰著述20多种，捐资兴建绥远清真寺，并且重视发展回族人的汉文化教育，兴办60多所学校。

作为一个具有世界意义的宗教，伊斯兰教既是一个宗教，一种文化，也是一种社会制度，它对穆斯林的影响非常广泛，也非常深刻。作为全民族信教的回族，从回族先民来到中国的时候起，他们就依寺而居，严格遵守伊斯兰教规。他们在心底里遵信“六大信仰”，在行动上实践“五大功修”；并且，在虔诚的伊斯兰教的影响下，形成了、并且规定了回族的生活习惯：孩子出生时要请阿訇起个阿拉伯的经名；进入成年——也就是“出幼”时，女子要开始戴“盖头”，男子要施行割礼；结婚时要请阿訇证婚念“尼卡哈”；死了以后要请阿訇举行殡礼——站“者那则”，埋葬时要把亡人的脸面向西方——面向圣

① 见《清代释疑补辑》，转引自余振贵著《中国历代政权与伊斯兰教》，宁夏人民出版社，1996年11月第1版，第118页。

地麦加。同时，也在伊斯兰教的影响下形成了回族特殊的风俗习惯。按照《古兰经》规定，禁止吃自死物、血液、猪肉，以及诵非真主之名而宰杀的、勒死的、跌死的、觝死的和野兽吃剩的动物。还有，不准饮酒、赌博、崇拜偶象、算卦抽签，认为那是一种秽行。

从伊斯兰教传入中国到现在，已经过去了1300多年。在这漫长的岁月里，不知有多少民族在自己的身边被同化了，也不知有多少民族甚至消亡了。但是，回族没有。他们紧紧抓住真主的绳索，坚强地活了下来，并且越活越旺盛，越发展，越壮大！

现在，在21世纪的曙光已经照亮大地的时候，回族面前铺开了一条更加宽阔的大路。他们一定会和全国各个民族、各种信仰的人民一起，团结奋斗，奔向美好的明天！

中国伊斯兰教经学院

第四章 回族教育（下）——「念书」

回族穆斯林的民族教育，始终都是双元的。通过「念经」，即通过具有民族特征的经堂教育，实现民族文化的传承；通过「念书」，即通过主流社会的教育，谋求主流社会的认同。

——手记

回族教育(下)——“念书”

回族穆斯林的教育，始终都是双元的。通过“念经”，即通过民族特征的经堂教育，实现民族文化的传承；通过“念书”，即通过主流社会的教育，谋求主流社会的认同。

——手记

人类的历史，实际上是文化的历史；回族的历史，实际上是回族文化不断产生、不断丰富、不断发展、不断进步的历史。

所有这一切，都和教育联系在一起。

回族先民带着高度发展的阿拉伯——伊斯兰文化来到中国。面对陌生的社会环境，新异的文化氛围，不同的语言心理，一个至关重要的问题摆在他们面前：怎么样才能在这里生活下去?

只有学习。

尊贵的先知穆罕默德说：

“学习是每个男女穆斯林的天职。”

“学习，从摇篮到坟墓。”

“知识好比穆斯林丢失了的骆驼，在那儿见到就在那儿找回来。”

这是西安回民坊上的一条有名的街道“大学习巷”。传说，唐代回族先民刚刚来到这

化觉巷清真寺

里时，他们既在这里传播伊斯兰教知识，又在这里跟着当地人学习汉语、典章制度，于是才有了现在这个称谓。

既然当时的国都都有这么好的学习环境，那么在全国其他地方也就可想而知了。

就这样，回族先民为本民族培养了许多有用之材，甚至在“学而优则仕”的科举考试里，也能金榜题名。

据《全唐文》载，在唐宣宗大中初年(公元847年)的进士考试时，大食人李彦升进士及第。又据《南部新书》载，大中以来，每年礼部放榜，总有三二个姓氏稀僻的色目人录取。

当然，在只有科举才能入仕、只有当官才有出头之日的时代，回族子弟谁都会抓住这个机会。据杨大业教授统计，仅明(1368—1644)、清(1644—1911)两代就有340–350人中举，另外还有一些武进士。

在封建社会里，中国的读书人要想考取功名非常不易，有时读书终生都不能进第。在这种情况下，回族先民要想出人头地，不把中国文化里的四书五经学得烂熟肯定是不行的。

当然，在回族先民进取的道路上，也不是一帆风顺的。社会上总有一些人冷眼相看，说三道四。在他们深层次的、主体民族的意识里，总觉得这一方水土是自己先人留下来的，自己占有它、使用它都是应该应分的。至于别人到这里来，占我们的村庄吗？占我们的耕地吗？占我们的荒山开矿吗？占我们的草场放羊吗？……都不行!既然这些都不行，还能让你们入仕为官骑到我们的脖子上来？所以，李彦升进士及第的消息刚一传来，有些人便跳将出来，大声疾呼：“难道中国人都那么无能吗？凭什么要录取一个外国人呢？”针对这种情况，也有人提出了不同的看法，颍川人陈黯还为此写了一篇短文《华心》，他说：“按照出生地点来说，的确有中外之分；但是凭心而论，那就要看每个人的情况了。有些人倒是出生在中国，可是他的行为却完全背叛了‘礼义’，也有的人虽然出生在外国，可是他却能按照‘礼义’办事。这李彦升就是属于后一种人，怎么能不用呢？”

到中国来经商贸易的回族先民，“至唐而渐盛，至宋乃登峰造极”。他们从自己亲身的经历中体会到，不学好汉文化就无法在这里生活下去。于是，子女上学的问题便很自然地提到自己的议事日程上来。

在回回自己的学校没有办起来的时候，他们就让子女到官办的学校去学习；而在穆斯林大众集资创建蕃学以后，他们就到蕃学去学习。总之，想尽一切办法也要把应知应会的知识学到手。

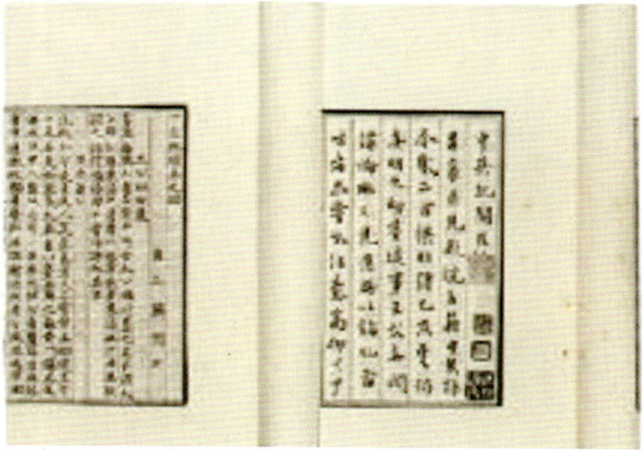
吴中纪闻

据龚明之《吴中纪闻》卷三载：北宋熙宁年间(1068–1077)，程师孟知广州时，“大修学校，日引诸生讲解，负笈而来者相踵。诸蕃子弟皆愿入学”。

据鲁曾煜《广州通志》卷二六九载：北宋熙宁年间(1068–1077)，怀化将军辛押陀罗独资修建了蕃学。

据蔡絛《铁围山丛谈》卷二载：北宋大观、政和(1107–1117)之间，“天下大治，回夷响风，广州、泉州请建蕃学”。

从这些简短的记载里，既可以看出广大穆斯林捐资办学的热情，也可以看出诸蕃子弟求学上进的积极性。

元代，入主中原的蒙古族统治者深深懂得，要想在华夏大地上扎根和发展，就必须要在各个方面接受中国的传统文化。就是在这种社会氛围的影响下，许许多多的回回人都对传播儒学表现出极大的热情。伯颜曾家设私塾，买闾和哲马鲁丁曾任儒学教授，他们都为汉文化在回回中的传播做出了重要贡献。

在这里，我们必须说到：元朝政府为了普及汉文化教育，在元世祖至元二十三年(1286)专门创办了一种新的教育形式——社学。据《新元史·食货志》载：元朝时，“诸县所属村庄，五十家为一社……每社立学校一，择通晓经书者为学师，农隙使子弟入学”。由于当时回回人的社会地位较高，且享受着仅仅低于蒙古人、而高于汉人、南人的待遇，

所以那些没有特权的“随地入社”的子弟，肯定会到这种学校学习。

宋代以后，虽然元、明、清各代都设有官办的教育机构，如元代的回回国子学、回回国子监，明代的回夷馆、会同馆，清代的四夷馆，但都是为了给政府培养他们所需要的回回译史、回回掾史、回回令史而设立的。但是，由于考试难，学成以后寻找出路更难，所以对于广大回回人来说，形同虚设，实际意义不大。

在这里，我们还必须提到清朝政府设立的免费学校回民义学。

清代在乾隆四十六年(1781)镇压苏四十三起义、四十九年(1784)镇压田五起义以后，为了从根本上消除隐患，为了“不动声色，徐徐化导”那些强悍的回民子弟，清廷于是命令地方政府开办义学，教授四书五经。同治年间西北回民起义失败以后，左宗棠为了从精神上对回族人民施加改造，也把这件法宝利用起来。但是，由于回族人民重武轻文、重经轻书，再加上历朝历代镇压回族人民所引发的对立情绪，回族人民都视此为“畏途”。在这种情况下，到头来，清廷也不得不自行废止。

但是，为了改变自己的生存环境，为了赶上时代的大潮，回族人民于是自发地行动起来，筹集资金，开办义学。一方面教授回族人“应知应会”的伊斯兰教知识，一方面教授华夏文化的一些内容，以培养“经书两通”的学子。可以说，这是回族人民朦朦胧胧的觉醒，这是回族人民追求光明的一声呼喊，这也是从经堂教育向现代教育迈出的第一步!

且看陕西:

清代雍正七年(1729)，高陵、兴平、户县开始创办义学;

清代咸丰十年(1860)，长安、渭南，大力开始创办义学;

清代光绪年间(1875)，海鸣鸾、束文启、束文华在安康开始创办义学……

南京市六合区南门清真寺

这种自发的办法，在其他地方也是一样，也一定会起到很大的作用。

就在回族人民决心改变自己的处境的时候，1894年爆发了中日甲午战争，战败的中国向日本赔款白银四亿五千万两。这丧权辱国的条约，遭到全国人民猛烈的抨击，迫使清朝政府不得不在光绪二十四年(1898)取消八股，三十一年(1905)停止科举，并成立“学部”。

在这种大背景下，回族中的有识之士也开始行动起来，有的人出国求学，有的人在国内兴办教育。里应外合，热火朝天。

出国求学的，王静斋、马坚、纳忠去了埃及，马宏道去了土耳其，郭隆真、刘清扬去了法国，海维谅去了印度，马邻冀、蔡大愚、仝道云去了日本。

当时去日本留学的一共有36名回族学生，他们在东京成立了留东清真教育会，第二年(1908)还出版了《醒回篇》，提出改良宗教教育、改革经堂教育、推行社会教育、国民教育。

此时此刻，国内也掀起一股办学热潮。在童琮1906年办起国内第一座穆源学校以后，各地的回族学校也如雨后春笋般建设起来。成达师范、上海伊师、北京西北中学、云南明德中学、甘肃平凉陇东师范、宁夏蒙回师范……办这些学校，根本不能说谁影响了谁，也不能说哪个在先那个在后；都是自发的，自觉的，自认为是应该应份的。

达蒲生创建南京市广益小学

在这关系回族命运前途的时候，许许多多回族先贤都做出了自己的贡献。尊贵的穆罕默德圣人说：“谁出门寻求知识，等于为主道出征，直到归来。”让我们永远记住他们和他们的业绩吧！

王宽发动的“回教文化运动”

王宽(1848—1919)，字浩然，经名阿卜杜·拉赫曼，他出身于经学世家，从小受教于号称“北方经学泰斗”的王守谦，后来又投奔到沧州的著名阿訇刘辑五，刻苦攻读，造诣很深。挂帐以后，曾在许多清真寺出任教长，传习经典，解释义理，培养出达浦生、马松亭、马善亭、杨明亮等许多著名阿訇。1902年到麦加朝觐，并到欧、亚、非各伊斯兰教国家考察。第二年，带着土耳其苏丹阿卜杜勒·哈米德二世赠送的一千多卷经书，和聘请的土耳其经学专家哈夫苏·哈桑、阿里·里达一起回国，传授《古兰经》诵读学。1907年创办回文师范学堂，在经堂教学中兼授汉文及其他文化知识。1908年创办京师清真两等（初等、高等）学堂，把传统的经堂教育发展为新式教育，是中国伊斯兰教育史上的一次革新。1912年，他发起组织了中国穆斯林第一个全国性宗教团体——中国回教俱进会，提出了“兴教育、固团体、回汉亲睦”的主张，培养了一大批新型的回族知识分子。到他去世前，全国已经兴办了许多新式学堂，其中中等学堂八九个，小学学堂六七百个。著名历史学家顾颉刚先生在《回教的文化运动》一文中说，王宽办学“这是近代中国回教第一次自发文化运动”。

马邻翼：从“振吾”到“振五”

马邻翼(1864—1938)，字振吾(五)[①]，湖南邵阳人。青年时因目击国势艰难，于是绝意科举，东渡日本，专攻师范。1905年回国后，在家乡创办邵阳中学和偕进小学。1908年北上京师，服官学部。在此期间，他支持王宽阿訇创办清真两等学堂。辛亥革命爆发以后，应黄兴之约，秘密南下，谒见孙中山。中华民国成立以后，出任教育部首席参事，起草了民国初年的一切重要的教育章则。以后，在奉调甘肃、宁夏、绥远期间，对民族教育事业仍然坚持不懈，先后创办师范、政法以及中小学校277座，选送出国留学生100多人。在改任直隶教育厅厅长兼国务院咨议时，又创设贫民免费学校100多所。1928年北伐军到达北平以后，马邻翼和马福祥、白崇禧、孙绳武等商量，在牛街成立清真中学，由白崇

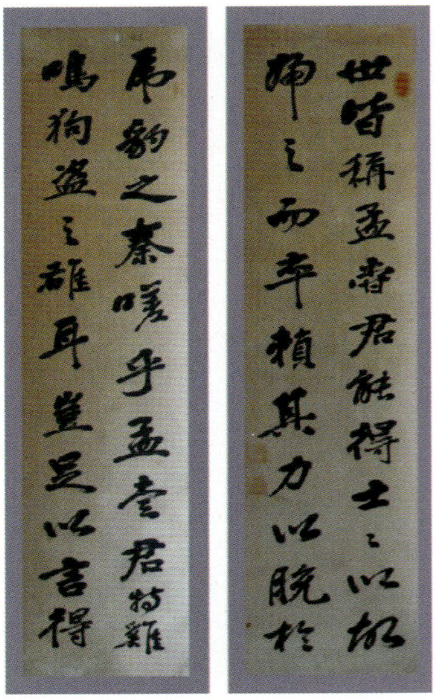

① 大总统孙中山提出“五族共和”以后，马邻翼把原字“吾”改为“五”，意为振兴“五族”。

禧任董事长，马福祥、马邻翼任副董事长。该校1931年改名西北公学，1933年改名西北中学，1949年与成达师范合并，成立国立回民学院。

1920年以后，马邻翼先后任教育部次长、教育部长，中国大学总董、民国大学事务校董、国医学院董事长、公民大学校长兼华北学院院长、北京蒙藏学校校长等职。著有《伊斯兰教概论》、《学部奏咨辑要》、《读史观感录》、《新教育学》等。

马松亭：“教育兴教，宗教救国。”

马松亭大阿訇

马松亭(1895—1992)，名寿龄，经名阿卜杜·拉希姆。他出生于经学世家，9岁开始攻读阿拉伯文经书，以后又投师于达浦生、张子文、王友三等阿訇门下，打下坚实的经学基础。26岁穿衣挂幛。1921年至1952年先后在河北涞水、涿县，山东济南，北平，重庆，台北，香港等地清真寺任开学阿訇。在济南穆家车门清真寺任教长时，衰败的现实使他更加认识到，回族政治上被人统治，经济上受人剥削，文化上水准低落。根本谈不到什么时代精神、国族意识，与中国社会处于一种无形的隔绝状态[①]。所有这一切，都是因为回族教育落后，于是决心改革旧的经堂教育，努力培养适应时代要求的新型人才。

马松亭一生倡导并从事民族教育事业，对历法、《古兰经》、朗诵学等也很有研究。撰有《古兰经要义》、《中国回教与成达师范学校》、《汉译古兰经首章》等。曾任中国伊斯兰教协会副会长、中国伊斯兰教经学院名誉院长、全国政协委员。

如果说，在民族文化的传承上，胡登洲的经堂教育和后来的汉文译著活动做出了重大的贡献，那么，在融入主流社会的汉文化的教育上，王浩然的“回教的文化运动”和马松亭的改革旧的经堂教育，也同样是做出了重大的贡献。

在谈到马松亭阿訇改革旧的经堂教育的时候，不能不提到他的恩师王浩然阿訇、张子文阿訇，不能不提到他创办的成达师范学校。众所周知，王浩然阿訇是“近代中国回教第

① 马松亭：《中国回教与成达师范学校》，见《禹贡》半月刊，第五卷第11期。

一次自发文化运动”的倡导者，张子文阿訇是改革旧的经堂教育的先行者。王浩然阿訇的事迹已如前述，张子文阿訇是现代中国伊斯兰教著名的大阿訇、教育家。他学识渊博，精通阿位伯语、波斯语、俄语、德语等多种外语。早在1898年他就在清真寺里开始中文、阿文兼授的实践活动，后来又和王浩然阿訇一起创办清真教育会，积极倡导清真小学教育、师范教育等。

王浩然阿訇的教育思想、张子文阿訇的教育思想，深深地影响了马松亭阿訇，为他创办成达师范学校打下了坚实的思想基础。

1924年，正在北京花市清真寺担任教长的马松亭阿訇受聘到济南穆家车门清真寺。当时，穆家车门清真寺聚集了一群热心宗教、锐意改革的有识之士，如济南道道尹唐柯三、还有法静轩、穆华庭、马绂生等乡佬。于是，经过讨论，决定成立一个理想的回教师范学校，这就是以成德达才之意命名的“成达师范学校”。学校于1925年4月24日成立，唐柯三任校长，马松亭主持学校里的一切事务。

为了达到启发回民智识、阐扬回教文化的目的，学校在学科的设置上，每年都有一些变化，到1934年，已设置了25个学科，计：国文、公民、教学、历史、地理、自然科学、心理学、论理学、教育概论、小学行政、教学法、教育测验及统计、英语、劳作、图画、音乐、体育、军事训练、实习、回文、古兰、圣训、哲学、回民、法律学等。因为有些学科里还包括许多小的学科，所以实际上远远不止这些。与此同时，他们还创办了民族与宗教综合性刊物《月华》，成立了成达出版部，印行伊斯兰教经书与学术著作，出版《成达文荟》，创建了福德图书馆，征集中外文图书上万册，邀请了教外著名学者顾颉刚、韩儒林、冯友兰、张星烺等为师生做学术演讲。这几件大事，使成达师范学校成为近代回族史上最有影响的学校之一，成为名副其实的近代中国伊斯兰教学术文化中心，为中国伊斯兰教史揭开了新的一页。①

1937年七七事变以后学校迁往桂林，1944年桂林沦陷以后学校又迁往重庆。1945年抗战胜利后学校迁回北平，并在西北中学、燕山中学并入以后，1949年10月6日改为国立回民学院，面向全国招生。回民学院设有师范班、简师班、中学部和阿文专修班。1955年4月以

---

① 冯今源：《五大阿訇传略·马松亭》，见白寿彝主编《中国回回民族史》，中华书局，2007年9月第1版，第1441页。

后，专修班改为中国伊斯兰教经学院、师范班改为北京第二师范、中学部改为归属于北京市的回民学院。

几十年来，在一代又一代的有识之士的护佑下，成达师范学校顶着风雨、踏平坎坷，艰难地坚持下来，为回族的伊斯兰新式教育保存了一点血脉。

想想当年的教育战线，那是一种何等高涨的热情，那是一种何等红火的场面!当朝为官的，没有人去管个人头上的乌纱帽!还有当阿訇的也是一样，他们打开清真寺的大门，把学校搬到伊斯兰的顿亚上!

可是，后来的政治，却让这种局面没有继续下去；后来的回族官员，也没有把这种局面承接下去。这成了历史的遗憾、民族的遗憾!

也许，这是定然!

延安时代小学

十九世纪，在中原地区战争不断的时候，中国共产党经过二万五千里长征到达陕甘边区。在那里，他们非常重视发展民族教育。1937年在新正县杨家台创办了伊斯兰小学；1939年9月在中央学校成立了回民班；1941年6月在陕北公学成立了民族部；1941年9月创办了延安民族学院，回族学生占20%；1941年10月创办了定边伊斯兰公学，功课里增加了阿语；1938年至1945年还办起了8所伊斯兰小学。

1949年年初，中国共产党从西柏坡走进北平。就在中华人民共和国成立后的第七天，“国立回民学院”在北京成立。在以后几十年的时间里，到1997年，国家民委在全国一共建立六所民族院校，即：中央民族大学（1951年6月成立），西北民族大学（1950年8月成立）、中南民族大学（1951年6月成立）、西南民族大学（1951年6月11日成立）、北方民族大学（1984年成立）、大连民族学院（1997年成立）。在这些学校里，都有回族学生上学深造。此外，还有许多回民中学分布在全国各地，如：北京回民学校、上海回民中学、

河北大厂回民中学

云南明德中学、河北大厂回民中学、天津回民中学、沈阳回民中学、呼和浩特市回民中学、郑州回民中学、西安市回民中学、兰州回民中学、银川唐徕回民中学等。当然，等而下之，各地还有许多回民小学，如：广州市回民小学、北京市牛街回民小学、大厂回民完小、西安市回民小学、桂林市回民小学、康定县回民小学、石首市回民小学、枣庄回民小学、横山回民小学、土右旗回民小学、灵武县大泉回民小学等。所有这些，都为回族子女学习汉文汉语和各种科学文化知识开辟了广阔的天地。

在700多年漫长的历史里，回族既学习阿拉伯—伊斯兰文化，又学习汉文化，并且把二者很好地结合起来，形成一种鲜活的回族文化。在这过程中，他们灵魂深处的情感、皈依、信仰、精神领地，始终都是绿色的，伊斯兰的；他们对外界的学习始终都是“适我所需，为我所用”；是“化汉”，而不是“汉化”[1]。这样，他们才保住了自己的根基，保住了自己的信仰，保住了自己的特色，才能在这块陌生的土地上生活下来，以更加高昂的姿态去迎接回族新的进步，新的振兴！

中央民族大学

① 李佩伦：《绿野沉思》，山西古籍出版社，1994年6月第1版。

第五章　回族商业

伊斯兰教贵圣穆罕默德说：「商人犹如世界上的信使，是真主在大地上的可信赖的奴仆。」他的亲密战友欧麦尔也对商业活动表现出深沉的敬意，他说：「我最乐意死的场所，莫过于我的家族做买卖的市场。」这种重视商业经济的观念，随着伊斯兰教的传播，逐渐深入到人们的生活中，形成了一种民族的心理结构和民族的传统习惯。

回族商业

伊斯兰教贵圣穆罕默德说："商人犹如世界上的信使，是真主在大地上的可信赖的奴仆。"他的亲密战友欧麦尔也对商业活动表现出深沉的敬意，他说："我最乐意死的场所，莫过于我的家族做买卖的市场。"这种重视商业经济的观念，随着伊斯兰教的传播，逐渐深入到人们的生活中，形成了一种民族的心理结构和民族的传统习惯。

回族先民和回族这种重视商业经济的传统，与中国自古以来农耕文化重农抑商的传统显然是格格不入的。在中国的传统看来，"十商九奸"、"无商不奸"，经商从来都是一种旁门左道。就是在这种环境里，他们仍然顶着压力，惨淡经营。他们的作为，不仅活跃了城乡经济，也为中国资本主义的发展起了催生作用。

唐代 回族先民——那些信仰伊斯兰教的阿拉伯人、波斯人来华贸易，有的走海上香料之路，来到东南沿海的名城商埠；有的走陆上丝绸之路，来到古都长安、开封。他们来的时候，带来了当地的宝石、玛瑙、乳香、犀象、玻璃、琥珀等；他们走的时候，带走了中国的丝绸、瓷器、纸张、茶叶、药材、漆器等。来回买卖，极大地活跃了双方的市场。

在回族先民万里经商的日子里，也不是一番风顺的。恶劣的自然环境，土匪的拦路抢劫，官吏的敲诈勒索，使得穆斯林商人的切身利益受到严重损害。为了维护自己的权益，有的人进京告状，还有的人巧妙地做起"贡使贸易"的买卖。所谓"贡使贸易"，就是打着给皇上进贡的幌子来做买卖。他们用这种办法，不仅货物可以免纳商税，他们本人也可以得到地方官吏的招待。再加上中国皇上对外国人往往表现出一种泱泱大国的风度，所以这些商人不仅可以得到相等的、或多得多的赏赐，有时皇上高兴了还可以给个官做，如

"郎将"、"中郎将"、"员外大将军"等。

回族先民在地方上进行的民间贸易，或"列市而肆"，或"翱翱城市"，在很多文学作品里都有形象的描写。

长安街市图

广州光塔街[①]:

……抬眼一看，街道两边全是店铺。珠宝铺里摆满宝石、玛瑙、珍珠，香药铺里摆满沉香、芦荟、葫芦芭，食品铺里摆满槟榔、扁桃、波罗密，还有卖藤席、冷瓶、椰心簟的，卖白毡、哥缦、驼毛段的，卖水晶、鍮石、镔皮的。

……再往前走，只见一座奇特壮美的清真寺出现在眼前。跑过去一看，只见它拔地而起，直上苍穹，浮云缭绕，飘飘荡荡；门框正额上刻着的阿拉伯文浮雕，好像忽地变大起来，在空中轰轰回响："真主秉公作证：除他外，绝无应受崇拜的；众天神和一般学者，也这样作证：除他外，绝无应受崇拜的，他是万能的，至睿的。真主所喜悦的宗教，确是伊斯兰教。"

波斯俑

长安西市[②]:

……市里四周有夯筑的土墙，里边划成九块地方，临街设铺，做着各种各样的买卖。帛肆、酒肆、绢行、麸行、鞦辔行、当铺、柜坊、还有卖钱贯的，卖饼团子的，卖药引子的，一个接一个地出

① 见冯福宽著长篇小说《大迁徙》，中国文联出版社，2000年1月第1版，第88页。
② 见冯福宽著散文集《回坊风情录》，陕西教育出版社，1989年7月第1版，第4页。

怀圣寺光塔

现在眼前。特别引人注意的是阿拉伯人、波斯人开的“胡店”、“胡邸”，门楣上贴着都阿，店里摆满了宝石、香料、象牙、珍珠、犀牛角，五颜六色，闪闪发光……那些大食、波斯来的使者、旅行家、留学生，由鸿胪寺的翻译陪同，欣赏着、赞叹着。他们深深感到，这“京邑所居，五方辐凑”的长安，简直成了世界经济、文化的中心！

在唐代回族先民经营的行业里，必须提到珠宝业。他们不但善于识宝，也善于经营珠宝，因此获得了“识宝回回”、“鬻宝回回”的美誉。关于这方面的情况，在许多古籍里都有记载。《岭外代答》载：“诸蕃国之盛多宝货者，莫如大食国。”《唐大和上(尚)东征传》载：天宝年间，广州“江中有婆罗门、波斯、昆仑来船，不知其数。并载香药珠宝，积载如山……”《崔炜传》载：崔炜到波斯店，打算用所得的明珠换钱。有一老胡人用10万缗来换这个珠子。“崔诘胡人曰：‘何以辨之？’曰：‘此大食国宝阳燧珠也。昔汉初赵佗使异人梯山航海，到此番禺。今千载矣。我国有能观象者，言来岁国宝当归。故我王召我具大舶重资，抵番禺而搜索。今日果有所获矣。’遂出玉液而洗之，光鉴一室。胡人遽泛舶归大食去。”

这种珠宝行业，从唐代回族先民开始，一直沿续下来，从来没有间断。甚至到中华人民共和国成立前夕，在百业萧条的时候，珠宝行业仍然操纵在回族商人的手里。

宋代 回族先民来华贸易，在唐朝时渐渐兴盛起来，到宋朝时达到了登峰造极的地步。宋时，特别是南渡以后，国家财政困难，步履维艰，许多人都把眼睛盯在海外贸易上，连皇上也想以此解决问题。绍兴七年(1137)上谕曰：“市舶之利最厚，若措置合宜，所得动以百万计，岂不胜取之于民？”①

在各国的贸易中，最富有的，是大食国的商人，他们的“服饰皆珍珠罗绮，器用皆金银器皿。”一向有“富贵 回回”之说。据载，泉州回回人蒲寿庚，“素主市舶”，“富甲两

① 《粤海关志》卷三引《宋会要》。

广”，是当地海上贸易的实力人物。还有佛莲，拥有80艘海船，仅珍珠一项就有130石之多！

怎么样把这些有钱的商人招致来呢？唯一的办法是奖励。当时，宋朝政府在广州、明州(宁波)、杭州设置市舶司，并“遣内侍8人，赍敕书、金帛，分四路召致海南诸蕃商。”[①]规定：只要能招诱舶舟的，或者能来贸易的，就根据不同情况授与官爵。据《宋史》卷一八六《食货志》载：“大食蕃官啰辛贩乳香，值三十万缗；钢首蔡景芳招诱舶货，收息钱九十八万缗，各补承信郎。”在每年十月，在蕃商要回国时，提举市舶司还要“大犒”一番，联络感情，祝福旅途平安。[②]

就是在这种办法下，取得了很好的效果，“蕃人大集”，宋朝政府也由此收到许多海税。王应麟《玉海》卷一八六载：“海舶岁入，象犀、珠宝、香药之类，皇佑中，五十三万有余。治平中，增十万。中兴岁入二百余万缗。”李心传《建炎以来系年要录》卷一八三载：“两浙、闵、广三市舶司，岁抽及和买药可得二百万缗。”又据历史记载：从南宋初年开始，海上贸易收入在国家总收入里一直占着很大比重；到南宋末年，竟然高达五分之一。

当然，在这个过程中，也出现了中国的金、银、铜、锡钱币外流的现象，以至于“公私上下，并告乏钱，百货不通，人情窘迫”[③]的严重的“钱荒”的问题；贪官污吏“命曰和买，实不给一钱”[④]的“刮取”的问题；以及广州的右武大夫曾讷，因大商人蒲亚里有钱，“利其财，以妹嫁之”[⑤]的崇蕃媚外的问题，等等。

为此，当时的宋朝政府也的确想了一些办法，但“禁令虽严，然奸巧愈密，其弊卒不可言。”[⑥]以至“商舶滋少，供贡缺绝”[⑦]，严重地影响了海外贸易和国家税收。

元代 成吉思汗西征时，回族先民遭到了不可言喻的蹂躏和屠杀；蒙元帝国成立以后，由于他们有功于元，于是处处受到蒙古人的优待。当官的很多，居于要职的很多，掌握实权的也很多。

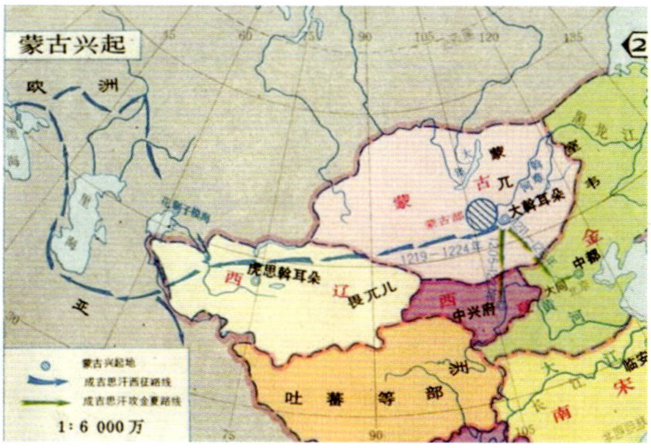

请好好地想一想吧！在这种权势的庇护

---

① 《宋史》卷一八六《食货志·五市舶法》。 ②周去非：《岭外代答》。 ③《宋史》卷一八零。
④ 乾隆《泉州府志》卷九二。 ⑤《宋会要》绍兴七年条。
⑥ 《新唐书》卷五四《食货志》及《册府元龟》九九九《德宗建中元年敕》。 ⑦乾隆《泉州府志》卷二九。

下，那些回回商人自在得如鱼得水，如鹰翱翔。他们手持玺书，为佩虎符，骑乘驿马，要多威风有多威风；他们占据名城，居其津要，专其膏腴……甚至，那些豪商巨贾外出时，官家还要招待他们饮食，士兵还要为他们护卫!

当是时，他们把外贸大港泉州变成“番货远物，异宝珍玩之所渊，殊方别域、富商巨贾之所窟宅”，把宝货丛聚的广州变成“阿峨大舶映云日，贾客千家万家室”的富庶天下。他们把海外的商品运到中原，又把中原的物资送到边疆。他们把陆上丝绸之路推进到漠北草原，把海上丝绸之路延伸到西域天房……他们南来北往，走东闯西，春夏秋冬，马不停蹄；在全国范围内织就了一幅回回的商贸网络，为繁荣元朝的经济做出了重大贡献。

明代 明代中叶以后，由于当时政府实行了“片板不许下海”的锁国政策，从此断绝了回族和国外的联系，也断绝了和皇亲国戚做大买卖的可能。为了生活，他们只好改变原来的贸易方式，把对皇宫的贸易变成对民间的贸易。从此，穷乡僻壤，城市陋巷，关津渡口，天涯海角，到处都出现了他们的身影。他们经营饮食茶叶，牛羊屠宰，制革皮毛等，和人们日常生活紧密地联系起来。

纵观回族先民来华经商的历史，完全可以说，在唐宋元三个朝代的800多年的时间里，他们曾主导了中国的海上贸易，帮助当时政府解决了财政上的困难；明清以来，他们渐渐失去了富商大贾和亦官亦商的优势地位，他们经商的范围也从相对集中的城镇渐渐扩展到全国各地，加强了内地和边疆的经济来往，满足了普通百姓生活上的需要。他们的活动，每时每刻都和国家的命运联系在一起，和人民的命运联系在一起。

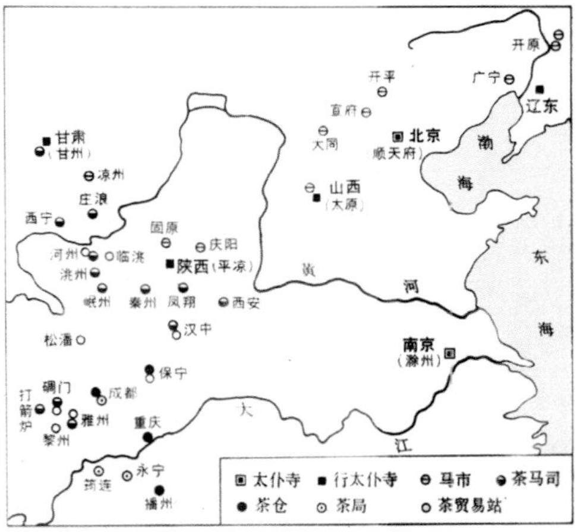

明代的茶马互市

善于经商的思想，善于经商的传统，使回回商人能更早地觉察到一些商贸动向，抓住机会，开拓进取。明朝初年，为了统一的需要，也为了保证官茶在贸易中的垄断地位，当时的政府设置了管理茶马贸易的机构茶马司。洪武五年(1372)设置秦州茶马司（洪武三十年改为西宁茶马司），洪武七年设置河州茶马司，永乐九年（1411）设置洮州茶马司……见到这种情况，回回商人马上在各个地区之间做起“茶马互市”的买卖，用内地的茶叶或绢布换取牧区的马匹。据历史记载：秦、河两州茶马司在洪武十二年（1379）十二月乙末，以茶易马1691匹。河州茶马司在洪武十三年，以茶、牛易马2050匹。同时，他们还根据地形特点，开展马帮贸易、骆驼贸易，把内地的日用品运到草原牧区，“以有易无，彼此方便”。河州的回回商人组成商团，把中原的大米、白面、红糖、茶叶、食盐运到藏区，又把那里的鹿茸、麝香、沙金、野牲皮、冬虫夏草运到内地。归化城的驼户曹“德厚堂”经过半个世纪的辛勤经营，使自己的十几峰骆驼发展到八百多峰，并在京、津、沪、汉等地辟有商行专号。

就这样，回回商人的资金越滚越多，买卖越做越大，回族的商贸活动终于出现了一个新的局面，迈上了一个新的台阶。

清代 清代回族的商业经济，在明代回族商业经济的基础上，从大城市向着中小城市、向着广大乡村辐射出去，经营一些与人民生活息息相关的一些行业，餐饮业，屠宰业，皮革业，贩马业，贩茶业，贩盐业……

就是在这种小本经营、小商小贩的环境里，回族商人审时度势，把这种国内的马帮贸易、驼队贸易发展成国际的马帮贸易、驼队贸易，新疆的到印度，西藏的到尼泊尔，黑龙江的到俄国，云南的到越南、老挝、缅甸、泰国……这种商贸活动不仅增进了中国和邻国之间的经济往来，也增进了中国人民和邻国人民之间的友谊!

可想而知，在这种马帮贸易、驼队贸易给人们带来巨大的经济效益的时候，回族人民肯定会把这种经营形式一代一代传下去。据有关史料记载，一直到1949年中华人民共和国成立以前，还有人在做这种买卖。

吴忠堡的“天成和”和灵武县的“聚源恒”，用自家的骆驼和羊皮筏子把大西北的枸杞、发菜、虫草、皮毛、药材等运到北京、天津，然后再把那里的布匹、丝绸、瓷器、蜡烛、肥皂等日用百货贩运回来，“天成和”家再到包头、宁夏，“聚源恒”家再西去兰州、西宁，北上绥远、张家口①。还有京东大厂霍各庄村的“骆驼李”家。据说，“骆驼

① 王伏平：《民国时期吴忠回商和商号》。

李”家是明代万历年间从山东迁居到这里的。后来，到了清代乾隆年间，李家的一个后人在村里操起驼脚经商的行当。当时，他只有几把骆驼（一把6峰）。但是，凭着他的聪明才智，很快便发展起来。后来，又有一个山东回回“挎车李”来到这里。他们从此合作经营，到20世纪初，已经发展到有3000多峰骆驼的骆驼商队。他们穿梭于新疆、宁夏、内蒙、山西、陕西、辽宁、山东、黑龙江的广阔地面上，极大地活跃了各地的商贸经济。这些商家都把买卖做得很大，他们不光在当地购买房产，还到远方设置庄点。同时，他们还遵照经训教导，遵守商业道德，尽量做一些社会公益事业，扶危救困，兴建寺院，开办小学，架桥铺路，因而受到当地乡亲们的欢迎。

骆驼商队

……历史走进“民国”以后，虽然时代变了，但是回族传统的珠宝行业，仍然有人在苦心经营，成绩卓著①。

河北省大厂回族自治县大马庄人铁宝亭，人称“翡翠大王铁百万”，曾任北京市珠宝业同业公会会长、德源兴珠宝店经理，他在珠宝业经营中积累了巨额财富。他是商界奇才，他把中国珠宝业托举到一个举世瞩目的高度，至今仍有《铁氏珠宝惊天下》、《举世无双的珠宝大王》、《当众怒砸‘猫儿眼’》等传说在民间流传。南京的改氏和仇氏将自己的商号改称华行，他们从缅甸、伊朗采购原料，加工以后远销国外，销售欧美市场的叫“美国庄”，销售港澳市场的叫“香港庄”。云南腾冲朱静亭在昆明创设了“大兴公司”，在缅甸勐洪开设玉石加工厂，在云南下关、保山、腾冲及长沙、上海、香港等地也都设有分支机构。

铁宝亭

当然，在这一历史时期，也有一些回族商人受新思想的影响，开始实业救国，兴办

① 王平：《识宝回回的历史传统与时代创新》。

工业。在西南，白耀民开办了“思普企业局”、马汉波兄弟开办了“明德纺织厂”；在西北，白楚珍、冯梦麟开办了“西安棉花机器打包厂”、魏子青开办了“临夏民生水力发电厂”；在东方，蒋家佥开办了“苏州苏纶纱厂”、“南通大生纱厂”、“芜湖裕中纱厂”；在中原，陈经畬开办了“汉昌烛皂厂无限公司”等。

但是，从总体上讲，这一时期回族的商业经济，小商小贩仍是主要的经营形式；“回回两把刀，一把卖牛肉，一把卖切糕”，“回族三大行，羊肉、馒头、贩粜粮”仍是它的主要的买卖内容；“穷回回”仍是广大回族人民穷困生活的真实写照。

在伊斯兰教最早传入中国的古都长安，当地的回族商人一直到20世纪30年代仍然在为了自己的生计惨淡经营。王曾善在《长安回城巡礼记》一文里，形象地记录了当时的情况：

西安回民之生计，以力役及小本营生为最大多数，次为经商。而商业中又以食品商、牛羊肉商及饭店商为多，其资本率数百元，千元以上者居少数，数千元者又少数。常见鼓楼一带十字街口，半间门梢，高悬巨牌，上绘焚烟香炉、贮水汤瓶，标写“清真教门”、“西域回回”、老马家、老白家、老童家等等，此外更无商号。普通所售之食物，为锅盔大厚饼、水盆熟羊肉……

在这一历史时期，我们还必须提到马启西(1857-1914)创建的西道堂。

马启西，甘肃临潭汪家嘴人。他小时候在旧城上寺学习阿拉伯文，11岁起开始上私塾，并考取童生、秀才。1891年开始在西凤山开设私塾金星堂，讲授“四书”、“五经”，同时根据王岱舆、马注、刘智等人的汉文著作宣传伊斯兰教义。随着教众的不断增加，又成立了西道堂。西道堂既是一个伊斯兰教派，又是一个具有特殊模式的经济社团。教堂成立以后，他们一面传教，一面组织教民发展生产。教堂全盛时期，不仅在北京、兰州、包头、张家口、阿坝、康定、拉萨等地设立了商栈，而且还建立了12处农场、5处牧场、13处林场、十几处作坊。积累资金达百万多银元，奠定了道堂雄厚的经济基础。

按照道堂规定，教众财产全部归集体所有，集体劳动，集体管理，集体分配。与此同时，教堂还大力发展教育，不仅在当地成立了男、女小学，还把学习好的道堂子女送到外

今日河州（甘肃临夏）

地上中学、大学，为道堂培养了一大批知识人才。

1935年8月，著名记者范长江考察西道堂以后，称赞它是“新社会的模型”。中国佛教协会副会长、藏传佛教拉卜楞寺第六世嘉木样活佛1993年4月15日参观时也说：“清真寺搞经济很有办法，我们藏传佛教寺院应该学习你们的经验。”

当代 中华人民共和国成立以后，对城乡手工业和资本主义工商业进行了社会主义改造。先是公私合营，后来又发展到割资本主义尾巴，就连走街串户的小商小贩也必须停止活动。这样一来，昔日驰骋商场的回族人全都被捆住了手脚，不知所措。这种局面，一直到改革开放以后，从计划经济走向市场经济以后，才开始扭转。当是时，深埋在回族人心灵深处的那股潜在的热情又被调动起来。当兄弟民族在温州打造出一片新的天地时，回族人民也在东方小麦加——河州打造出一片新的天地[①]。他们把蒙古、不丹、锡金、俄罗斯、尼泊尔、哈萨克的皮货贩运到河州，再从三甲集运到全国，使三甲集成了西北第一集。他们在拉萨八角街建立了一千多个店铺，占据了那里的“半壁河山”；他们从遥远的云南运来茶叶，使河州成了大西北的茶叶集散地。牧区的皮毛、鹿角、虫草、奶制品由他们贩运，内地的盖头、白帽、盖碗茶、汤瓶壶经他们转手……忙忙碌碌，轰轰烈烈，南来北往，走东闯西，就像著名经济学家费孝通说的：“东有温州，西有河州。”

在风云变幻的大时代里，回族商人再一次走出国门，到当年的丝绸之路上去闯荡天下；回族商人再一次扯起伊斯兰的旗帜，在东海之滨的义乌，和世界各国的穆斯林一起，打造出21世纪丝绸之路新的起点，为中国乃至世界人民谋求福祉。其他地区的回族经济也是一样：河南桑坡成立了“焦作市雪羊皮毛集团公司”，河北大厂的牛羊肉加工业已形成规模，福建百崎建设了“伊斯兰大街”，泉州陈埭被省政府授予“乡镇企业一枝花”的称号，新疆米思华开办了“华凌集团公司”、马学武开办了白玉城民族玉雕工艺品开发公司，青海韩文林开办了穆建集团、马青开办了创新集团，兰州马菇拜开办了“马菇拜百年羔肉餐

① 马强：《西部旱码头——临夏》。

厅”云南沙甸镇开办了许多集体和个体企业，陕西张锁良创办了“陕西旭峰会展有限责任公司”、“西安曲江旭峰会展有限公司”，西安的北院门如今已建成了“小吃一条街”……所有这些，在全国都产生很大影响。

福华公司京福华总店

在上面提到的回族企业里，离北京最近的是大厂回族自治县冯殿华创办的京福华肉类有限公司。由于公司位于北京、天津之间，竞争对手也就更多；既有当地的企业，也有全国各地想进京发展的企业。就是在这种对手如林的情况下，冯殿华凭着自己的聪明才智、道德规范、经济实力，异军突起，很快发展起来。

据大厂历史传说，这里原来是一片草场，河清水秀，绿草如茵。凭着这种优越的自然环境，很久以前这里便有了牛羊饲养业、贩运业、屠宰加工业，以后不断发展，到二十世纪达到了鼎盛时期。八十年代初期，成立了中德合资华安肉类有限公司；九十年代中期，华安、协力、福华、通达公司选用鲁西牛、晋南牛、南阳牛、秦川牛，相继推出了独具特色的“大厂肥牛火锅”，使人们饮食更加经济、实惠，健康、安全的重要作用。特别是冯殿华创办的福华公司，坚守信仰、突出特色，经过十年创业，把一个名不见经传的小企业做大做强，不光在当地发展壮大了畜牧产业龙头，还开办肥牛连锁店，延伸到北京、天津、内蒙古、陕西、上海、辽宁、黑龙江、新疆等，让清真品牌——“京福华”享誉全国、走向世界。

作为一个年轻的穆斯林企业家，冯殿华富不忘本，念念不忘给了他创业机会的时代，给了他关怀帮助的乡亲。只要社会需要，只要人民需要，他就会毫不犹豫的伸出援手。2003年“非典”突发，冯殿华积极响应北京市政府和当地县政府号召，全力以赴配送放心肉，有效地缓解了首都清真牛羊肉供应紧张状况。近年来，他为重建大厂清真寺、支援汶川地震灾区建设、各界群众的福利事业等都给予了大力支持，受到人们的称赞。

从唐朝开始的回族先民的商贸活动，从明朝开始的回族的商贸活动，虽然经过了千百年的沧桑变化——朝代的变迁，商场的竞争，但是他们的商贸活动仍然跌跌撞撞地走了过来，非旦没有垮下去，反而渐渐地发展起来。究其原因虽然很多，但是严格遵守伊斯兰教的商业道德，则是他们取胜的法宝。

真主说：“你们不要克扣他人所应得的财物。”(二六：183)穆罕默德圣人也说：“后世之日，招摇撞骗的奸商，同暴君恶霸复活在一起；忠实利人的义商，同圣贤烈士复活在一起。”①

所有这些，都成了回族先民和回族经商办事的准则。不管买卖大小，也不管盈利多少，干什么都要把讲实守信放在首要位置，严格处理好义和利的关系，情是情，理是理，老不哄，少不欺，他们也因此赢得了广大顾客的信任……

但是，作为一个回族人，面对回族的经济结构形成，以及其他一些方方面面的问题，还必须认识到——或者说，还必须记住王连方的话，他说：“历史告诉我们，回族从一开始就是一个背着被征服和被驱使的命运定居到中国的。我常说，回族在旧社会是一个从未掌握过自己命运的民族，至今看来并不过分。正因为回族被历代统治阶级人为地造成居住上的高度分散和受歧视的地位，加上自己特有的生活禁忌，导致生产和生活的门路很窄，不得不千方百计寻找适合自己民族生存的出路，逐渐形成了小农业、小商业和小手工业的结构……”②

如果说，在万里丝绸路上，回族先民做的都是一些大买卖，有过开天辟地的壮举；如果说，在以后漫长的岁月里，他们的后辈子孙却干上了油条、烧饼、糊辣汤的小买卖，那么，在信息时代已经到来的今天，我们再也不能依靠自己的体力去换取生存的权利了!我们应该复活我们的勇气，复活我们的血性，复活我们的刚烈，我们应该像自己的先民一样，做一个搏击风浪的弄潮儿，去闯荡浩淼的大海!

---

① 《圣经训》第二十五章“论商业贸易、农业耕稼及社会福利”第二节“交易的条例与商业的修养”，（埃及）纳·阿·曼苏尔著，陈克礼译。

② 《云南回族史·序》。

第六章 回族文化

1300多年以前，贵圣穆罕默德向自己的教民说：「知识是圣教的基石，伊斯兰的生命」。

回族人民牢牢地记着这段圣训，并且把它变成自己的行动，创造了灿烂的回族文化，也为中华文明的建设，做出了卓越的贡献。

回族文化

1300多年以前，贵圣穆罕默德向自己的教民说：“知识是圣教的基石，伊斯兰的生命。”

回族人民牢牢地记着这段圣训，并且把它变成自己的行动，创造了灿烂的回族文化，也为中华文明的建设，做出了卓越的贡献。

历史学

在全方位的文化系统中，史学是非常重要的一部分。一个真正的史学家，必须是知识渊博的全才，必须是有独到见解的智者，必须是敢于秉笔直书的硬汉。在这方面，回族是有光荣的传统的。

自古以来，中国人就认为文、史、哲不分家，常常是你中有我、我中有你，在有些情况下有所侧重而已。史学也是这样，作为史官，当然会全身心地秉笔直书；作为学者，则会根据自己的能力兴趣，写作一些专著；还有就是一些文人骚客的笔记。

正　史

在漫长的封建社会里，由于民族歧视，少数民族当官的很少，能当史官的就更少。但是，就是在这种情况下，回回人仍然以自己的聪明才智做出了巨大的贡献。

在这里，我们首先要提到元代回回人在这方面的作为。众所周知，由于回回人有功于元，所以他们中的很多人便受到朝廷重用，有的人还参与了正史的编纂工作，如铁木儿塔识就曾任总修官，修纂“三史”。

铁木儿塔识(1302–1347)字九龄，康里人，国子学诸生出身。他资禀宏伟，颖悟绝人，再加上他在时政变革时“尽心辅赞”，所以深得顺帝皇上的欢心，常常“赐坐榻前，询以政道”，升迁很快，很快当上礼部尚书，参议中书省事，陕西行台侍御史，奎章阁侍书学士，同知枢密院事，中书右丞，平章政事。

在他不惑之年时，顺帝根据翰林学士巙巙的奏本，下诏纂修辽、金、宋三史，命中书丞相脱脱为都总裁，中书平章政事铁木尔为总裁官。对于当时国家的时事大政来说，这也许不是一件什么了不得的大事，可是“天性忠亮，学术正大”的铁木儿塔识却看得很重，工作起来也很认真，所以《元史》卷一四〇铁木儿塔识传说：“时修辽、金、宋三史，铁木儿塔识为总裁官，多所协赞云。”

这种传统流传下来，只要有机会，一些在朝为官的回族人或回族写家，就会写作一些与此相关的史籍。明代马自强曾参与编修《明世宗实录》、清代张瑞曾充任《明史》纂修官和《清太宗实录》副总裁、清代蒋湘南在其文学活动之余，还曾修志。道光十九年(1839)纂《蓝田县志》十六卷，道光二十年纂《留坝厅志》十卷，并附“足征录”四卷，道光二十一年纂《泾阳县志》三十卷，咸丰二年(1852)纂《同州府志》三十四卷；此外，还参修《道光陕西通志》等。

专　著

在这方面，首先要提到白寿彝教授。

白寿彝(1909—2000)，字肇伦，经名哲玛鲁丁，河南开封人。著名的历史学家、回族史专家。早年就读于上海文治大学、河南中州大学、北平燕京大学。中华人民共和国成立以后，任北京师范大学历史系主任、教授。

作为中国历史学界的一代宗师，他把对本民族历史的研究和对整个中华民族历史的研究结合起来，在民族史、中国通史、史学史和史学理论的研究上都做出了重要贡献。特别是他对中国回族史的研究，可以说有奠基之力、首倡之功。

历任国务院学位委员会委员、北京师范大学学位委员会主任、中国社会科学院历史研究所学位委员会和民族研究所学位委员会副主任、中国教育学会历史分会会长、北京史学会会长、中国民族史学会会长等职。系中国共产党第十次代表大会代表，第三至第六届全国人大代表、第四至第六届全国人大常委、第五届全国人大民委副主任、中国伊斯兰教协会副会长、民盟中央委员等。

白寿彝著述繁富。著有《中国交通史》、《回民起义》、《中国伊斯兰存稿》、《中国史学》、《白寿彝民族宗教论集》等。主编有《回族人物志》、《中国回回民族史》等。

特别是在他90高龄的时候，领衔完成了一部煌煌巨制《中国通史》。这部书计有12卷、22册、1200万字。

《中国通史》出版以后，时任中共中央总书记的江泽民写信祝贺，认为这是史学研究上取得的“重要成就”。

在历史学这个领域里，回族的聪明才智不仅表现在对自己民族的关注上，对中华民族的关注上，还表现在对回族先民祖国的关注上。而在这一点上，著名的阿拉伯史学家纳忠教授做出了卓越的、不可替代的贡献。

纳忠(1910–2008)，著名穆斯林学者，阿拉伯历史及阿拉伯语言学家。字子嘉，云南通海人。早年在昆明明德中学、中法中学学习。1931年被选送到埃及艾资哈尔大学深造，深入研究阿拉伯历史、伊斯兰文化。留学期间，他翻译了库迪·阿里的《伊斯兰与阿拉伯文明》、艾哈迈德·爱敏的《回教学术思想史》等名著，1936年荣获艾资哈尔大学最高委员会授予的学者证书。1940年回国以后，先后任云南明德中学代校长，中央大学、云南大学教授，北京外交学院、北京外国语学院教授，兼任系主任。

在执教期间，培养了许多博士研究生，撰写了具有开拓性的专著《回教诸国文化史》、《阿拉伯近现代史》，翻译了具有珍贵文献价值的《阿拉伯与古典史料》。他的上百万字的史学巨著《阿拉伯通史》结构严密，史料翔实，语言朴实流畅。他翻译的艾哈迈德·艾敏的多卷本《阿拉伯——伊斯兰文化史》被阿拉伯学术界誉为“划时代的、前无古人的”伊斯兰百科全书，为中国翻译界和史学界填补了一大空白。

作为一个回族穆斯林的历史学家或经师，对中国历史学的贡献，除了主流社会所承认的史学著作以外，我们还必须提到他们在研究伊斯兰教史、回族史上的贡献。而在这方面，由于各朝各代的民族歧视政策，以致他们失去了话语权，他们研究的成果很多都只能在清真寺里或坊民中间流传。而这些，又是鲜活的，有独特见解的；生动活泼，丰富多彩的；浩如烟海，不胜枚举的；如明末詹应鹏的《群书汇辑释疑》、张忻的《清真教考》、清代刘智的《天方至圣实录》、白铭庵的《回教考》，近代水子立的《世界回教史考》、马良骏的《考证回教历史》以及北京东四清真寺藏的寺志《敕赐清真寺的五百年》、山东济南清真南大寺的碑刻《来复铭》碑等。

改革开放以后，许多地方的回族学者，写作出版了一批关于回族、伊斯兰教方面的著作，整理编纂了一批省、地、县、乡的回族史志。马通的《中国伊斯兰教派门宦制度史略》、《中国伊斯兰教派门宦溯源》，余振贵的《中国历代政权与伊斯兰教》、《中国古代北方民族文化史(民族部分)》、高文远的《清末西北回民之反清运动》、杨兆钧主编的《云南回族史》。

还有杨怀中研究员的一些著作。

杨怀中(1934—)，甘肃靖远县人。1958年陕西师范大学毕业以后，先后在宁夏回族自治区文化厅、宁夏人民出版社、宁夏社会科学院工作。他是一位资深的回族学者，著名的回族史专家、苏菲派专家。

几十年来，他以一种坚韧执着的精神，一种开拓创新的精神，在他所钟爱的学术道路上辛勤耕耘，取得了丰硕的成果。

他在出版社工作时，顶着压力，编辑出版了《回族简史》、《中国伊斯兰教派门宦制度史略》等一大批具有学术价值的著作。他在宁夏社会科学院工作时，作为《回族研究》的创办者和主编，付出了巨大的努力，为回族的文化事业尽到了一个回族学者的天职。

他到宁夏社会科学院以后，呕心沥血，潜心研究，出版了他的扛鼎之作《回族史论稿》、合作主编了《伊斯兰与中国文化》、合作编纂了《中国伊斯兰文献著译提要》、辑点了《钦定兰州纪略》、《钦定石峰堡纪略》，同时还任《回族人物志》副主编兼主要撰稿人。

宁夏回族自治区成立五十周年时，荣获“影响宁夏50年的人”荣誉称号。

杨怀中主编的《回族研究》杂志

当然，随着时代的前进，思想的解放，又有一些具有较高水平的、大部头的学术著作相继出版：白寿彝主编的《回族人物志》、邱树森（汉族）主编的《中国回族史》、杨惠云主编的《中国回族大辞典》、宛耀宾总主编的《中国伊斯兰百科全书》；还有，2008年8月，由吴海鹰主编、宁夏少数民族古籍办搜集整理的《回族典藏全书》也隆重出版。它包含古籍539种、3000余卷、12000多万字。这部煌煌典册的出版，“不仅突破了以往回族古籍整理工作的思路，也为今后发掘研究回族伊斯兰文化开辟了新的思路”。[①]

笔　记

这类的史记，有的成书，有的成章，有的成篇，有的或许只是一个段落，但却有一定

① 王正伟：《回族典藏全书·序》。

的历史价值。明代的费信、马欢跟随郑和下西洋，并把自己的所见所闻记录下来，费信写成了《星槎胜览》、马欢写成了《瀛涯胜览》；这些都成了研究郑和下西洋的珍贵资料。此外，清代马德新的《朝觐途记》对研究中西海外交通史、当代庞世谦的《埃及九年》、杨锋的《托克马克之恋》对研究国外民族史都很有帮助。

报　刊

如果说，历史学家记录的是昨天的现实，那么报刊作者所反映的则是今天的现实，这些作者同样要秉笔直书，真实地反映出生活的本质。而这，又是任何其它时代的任何作品都无法替代的。在这方面，回族起步较晚。如果从广义上讲，凡是创办人是回族，报刊里也有一些回族内容和相关报道，这样的报刊便可以说是回族的报刊，1904年丁宝臣在北京创办的《正宗爱国报》可以说是第一份。如果从狭义上讲，只有创办人是回族、报刊也是针对回族及其宗教文化进行报道和研究的，这才是回族的报刊，1908年留东清真教育会创办的《醒回篇》可以说是第一份。[①]

据有人统计，从清未民初到1949年，回族报刊多达200多种，数量不可谓不多，内容不可谓不丰富，影响不可谓不大。其中，最有名的，有回族三大白话报和“天津三刘”创办的一些报纸。

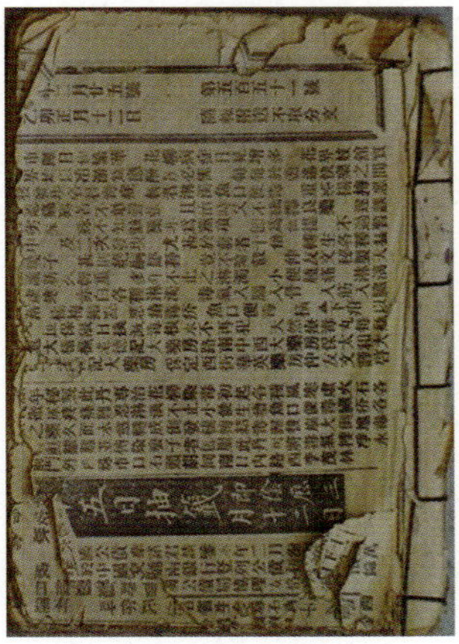

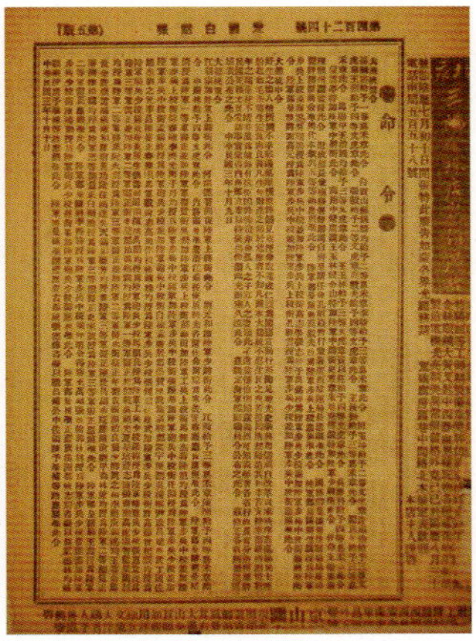

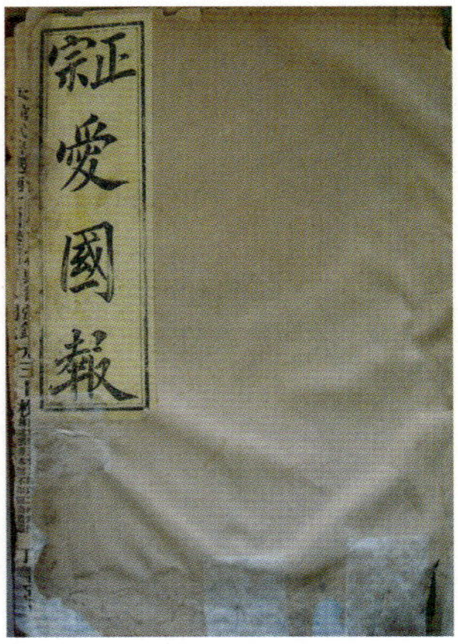
正宗愛國報

回族三大白话报[②]

① 白贵、金强：《中国近现代回族报刊波动现象浅析》。
② 《回族人物志》卷六十七。

回族三大白话报是：丁宝臣1904年在北京创办的《爱国正宗报》、丁竹园1907年在天津创办的《竹园白话报》、张子岐1908年在奉天(沈阳)创办的《醒时白话报》。

丁宝臣(1875—1914)，祖籍浙江绍兴，生于北京马甸。名国珍，字宝臣，清末民初著名社会评论家、爱国报人。他从小受到良好的家庭教育和民族宗教教育，思想开放，志向远大。

当时，由于八国联军进犯北京，社会动荡，经济萧条，国难时艰，人民痛苦不堪。面对这种残酷的现实，丁宝臣决心创办一张正宗的爱国报纸，以笔为旗，唤醒民众。于是，他便在1904年在北京创办了《爱国正宗报》。由于报纸贴近社会，贴近百姓，说的都是身边的事，用的也是老百姓的白话文，所以很受市井民众的欢迎，发行量达到40000多份。

1913年，在孙中山发动“二次革命”时，《正宗爱国报》也积极行动起来揭露袁世凯的复辟阴谋，当时的政府遂以“暗助党人”、“惑乱军心”的罪名逮捕了丁宝臣，并于1914年8月19日将其杀害，在中国新闻史上酿成了震惊社会的“祭丑报灾”！

丁竹园(1869—1935)，名国瑞，号竹园，字子良。他是丁宝臣之兄，清末民初著名的社会活动家、评论家、爱国报人。丁竹园幼学诗书，聪颖过人。青年时受其叔父影响，还曾研习中医，颇有造诣。

作为一个忧国忧民的知识分子，丁竹园并不满足于“以医济人”，而想要“以言济世”，所以他从北京移居天津以后，便一边行医，一边在《申报》、《大公报》、《中外实报》、《社会教育星期报》、《民兴报》、《正宗爱国报》上发表自己的想法。他明知“言出祸随”，但仍然直言不讳。该说的还是要说，该议的还是要议，该抨击的还是要抨击。他曾痛切陈词：“全球最不公最不平的事情，莫过于中国的政治！”“天下最惨最苦的境遇，莫过于专制国的国民！”言简意赅，掷地有声，表现了一个“以言济世”的爱国报人的铮铮铁骨。

当时的一般文人，多“以附和时尚为宗，以广奥精深是务，不审利害，不顾是非”，对社会、对人民有百害而无一利。为了改变这种状况，也为了“广开风气，增益民智”，丁竹园便在1907年在天津创办了《竹园白话报》。该报比较全面地反映了国家的政治、经济、文化、艺术、哲学、教育、卫生、历史、民族、宗教、天文、地理、水利、交通、建筑、体育、伦理道德、社会风俗等诸多方面，把以文救国的活动向前推进了一步，为后代留下了一份宝贵的历史资料。

张子歧(1865—1938)，名兆麟，字子歧，河北省通县(今北京市通州区)人。他出身于名门望族，祖上曾在清咸丰朝任职。可是，到了他这一辈，却家道中落，渐渐衰微。实在没有办法，他只好经营生意，并在闲暇时间念书识字，积累了丰富的知识。

1900年，八国联军进犯北京。张子歧闲居无策，只好东出营口。在那里，他受到民主思想的影响，于是创办了《醒时汇报》。由于报上常常抨击时弊，因此触犯了当地政府和上层权贵，报纸被迫停刊，张子歧也被迫移居奉天(沈阳)，并于1900年创办《醒时白话报》，想利用这张报纸“改良社会，开通明智，提倡教育，振兴实业”。

张子歧是一个热爱祖国、同情人民的人。为了帮助船客，他带头和英国人进行斗争；为了抵制日货，他在报上大造舆论，使《醒时白话报》成了“排日先锋”。他是一个关心回族教育事业的人，为了让回回营一带的回民子弟能有书念，他自筹资金创办了清真学校。他还是一个热心教门的人，在《醒时白话报》鼎盛时期，他专门印发了“宣传回教认主拜主”的《月刊》，赠送各省各县清真寺、阿訇、乡佬、穆民等传阅。

张子歧在创办《醒时白话报》的过程中，虽然历经磨难，但仍然惨淡经营，整整坚持了35年。一直到1944年，在强大的政治压力下，命定地走向衰败的结局。

“天津三刘”①

“天津三刘”指的是刘梦扬，刘霁岚，刘髯公。他们从清末民初到二十世纪三十年代一直活跃在中国新闻界，影响甚大。

刘梦扬(1877—1943)，天津人，字伯年。清末秀才。刘清扬之兄。他是我国新闻事业的先驱者之一。1902年任天津《大公报》第二任执笔，1905年任《商报》主笔。这以后又开始自己办报：1909年创办《民兴报》，1911年创办《白话晚报》、《白话晨报》，1916年创办《天津午报》、1923年创办《评报》、《时报》。这期间，他积极倡导改良思想，

① 张琴：《近代回族报刊与回族社会浅析》。

鼓吹君主立宪；猛烈抨击袁世凯的复辟阴谋和社会上的不良现象。五四运动以后，刘梦扬开始从政，曾任天津市政传习所讲师、天津报业同业公会理事长、回教联合会会长、天津贫民救济院院长等职。著有《梦影录》、《孟扬杂稿选编》等多种。

刘霁岚(1895—1977)，天津人。名岫。实业家、新闻出版家。作为实业家，他曾经营药厂、化工厂、银号、戏院等。作为出版家，1923年创办《评报》、不久又增办《时报》。1934年，因发表《蒋中正中而不正，不能扶正；张学良学而不良，不如从良》的评论，报纸遭国民党政府查封。后来虽然一度复刊，但是1937年天津沦陷以后，又不得不自动停刊。

刘髯公(1893—1938)，天津武清人。名学庸，字仲儒，笔名髯公。1924年与段松坡、薛月楼等合办《新天津报》。该报敢于抨击时政，销量很大。1928年增办《新天津晓报》、《新天津晚报》、《新天津画报》(周刊)、《新人月刊》、《文艺报》(三日刊)等。1930年，《新天津报》发表抨击《黄报》诬蔑回族的文章，迫使其停刊。1932年设立私人电台，举办新闻函授学校。1937年天津沦陷前夕，《新天津报》在发表慷慨悲愤的社论后，全部报纸一律停刊。1938年8月，刘髯公被日寇逮捕，惨遭拷打，置于水牢。后来被保外就医，不久去世。

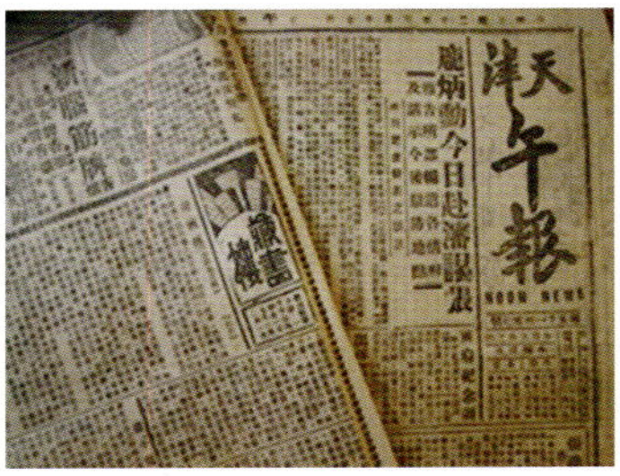

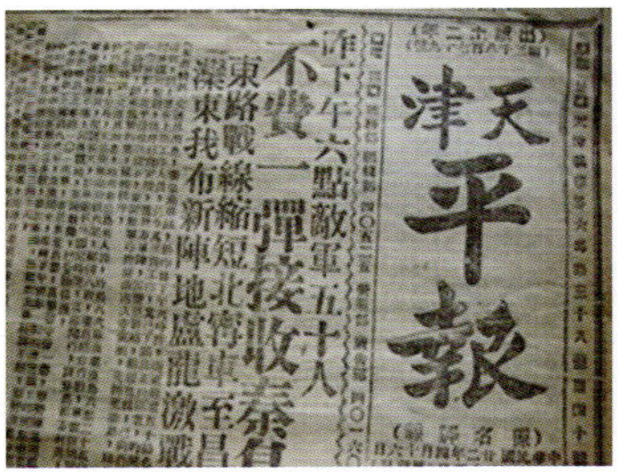

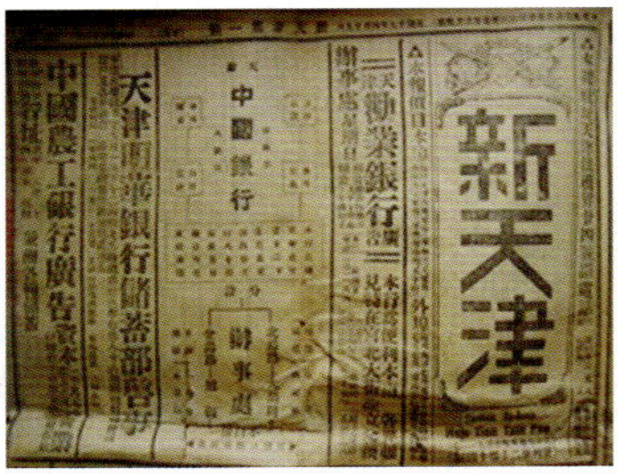

天津三刘办的，虽然不是专门的回族、伊斯兰教报纸，但对这方面的报道甚多。这在回族的历史上，也在中国报刊新闻史上占有非常重要的地位。

在这一时期，北京、南京、上海、云南、江苏等地的伊斯兰学者和回族社团也相当活跃，出版的报刊时间较长的有：《清真铎报》20年、《月华》19年、《震宗报》16年、《清真旬刊》16年、《正道》15年；出刊期数较多的有：《月华》418期、《伊光月报》128期、《昆仑报》108期、《禹贡》82期、《天方学理》75期。

在这里，我们还必须提到：

王静斋1927年9月在天津创办的《伊光》[①]。该刊在抗日战争以前刊载伊斯兰教伊赫瓦尼派观点的文章和介绍教务的文章较多。抗日战争开始以后，王静斋先后到武汉、河南鄢师、重庆、甘肃武威、宁夏吴忠、银川等地。可以说，他走到那里就把社址搬到那里，他走到那里就把刊物办到哪里。这一时期的《伊光》发表了许多反映抗日战争时期中国穆斯林动态的文章，同时刊载了许多时局述评，如《钢铁般的大西北》、《回教教长与国民战时教育》、《以读古兰经的话断定日本必败我国必胜》等。该刊于1940年停刊。

还有马福禄、唐柯三、马松亭、孙绳武等1929年在北平创办的，赵振武、庞士谦先后任主编的《月华》。该刊内容非常丰富，有史学、经典、教务、文艺、回民教育、国内回民概况等。七七事变以后，即迁往桂林、重庆，并于1947年6月迁回北平。中华人民共和国成立以后，改称《回民大众》，不久停刊。此刊曾远销南洋群岛、印度、缅甸、阿富汗、伊朗、沙特阿拉伯、土耳其、埃及、伊拉克、叙利亚、英、法、美等国，影响深远。

中华人民共和国成立以后，站在这个岗位上的排头兵是穆青。

穆青(1921—2003)，河南杞县人。1937年参加八路军，1942年延安鲁迅艺术学院毕业。几十年来，他跟随着中国新闻事业的脚步，从延安走到北京，又走到改革开放的年代。曾任新华社社长、中国记者协会会长、中华全国新闻工作者协会副主席、中国新闻学院院长、《瞭望》杂志社社长。他提倡写“散文式新闻”、“实录式新闻”、“视觉新闻”。他的作品语言朴实、描写生动、感情真挚、热情洋溢。著有《南征散记》、《穆青

记者穆青

① 杨慧云主编：《中国回族大辞典》，上海辞书出版社，1993年1月第1版。

散文选》、《意大利散记》、《维也纳的旋律》、《彩色的世界》等。1966年，他以满腔热忱创作、发表了长篇通讯《县委书记的榜样——焦裕录》，在全国引起轰动。

哲学　思想

做为一个哲学家和思想家，要想在这个领域里有所作为，不仅要有敏锐的观察力，还要有深刻的认识能力，还要有扫荡邪恶的决心和勇气。要做到这一点，很不容易。

李　贽

在灿若群星的回族先贤里，明代杰出的思想家李贽的影响是巨大的，深远的。李贽，字卓吾，泉州人，著有《李氏藏书》68卷，《续藏书》26卷，《焚书》6卷，《续焚书》5卷，《李氏文集》20卷，《李氏丛书》11种等。在这些著作里，李贽猛烈抨击虚伪的道学，认为“人必有私”，“虽圣人不能无势力之心”；他坚决否定儒家经典的权威性，认为《六经》、《论语》、《孟子》都是史家的“赞美之词”；他极力反对对孔子的迷信，认为圣人和凡人一样，如果都以他们的是非为是非，那就没有是非了；同时，他还毫不留情地斥责官吏，说他们是“不操戈矛的强盗”，“吃人的老虎”。作为王学左派的一面旗帜，李贽充分肯定了人、人性的独立价值，动摇了封建统治的思想基础。

同时，李贽还是一位有真知灼见的文学评论家。在文学创作上，他极力反对儒家思想对创作者思想的束缚，主张真实自然地反映生活。他在《童心说》一文中说：“夫童心者，真心也。若以童心为不可，是以真心为不可也。夫童心者，绝假纯真，最初一念之本心也。”他又说，“若失却童心，便失却真心；失却真心，便失却真人。人而非真，全不复有初矣。”①

但是，李贽的这些闪光的思想，不但没有受到社会

① 《焚书》卷三《童心语》。

的尊敬，还以“敢倡乱道，惑世诬民”的罪名将李贽逮捕入狱，并很快被折磨致死。

还有清代的“大江南北之巨儒”蒋湘南。

蒋湘南(1795—1854)，字子潇，河南固始人。他幼年孤贫，聪敏好学；学有所成，独树一帜。但因他的行止与现实多有抵牾，以致“十年六失第”，应春官考总告失败。道光八年(1828)，受陕甘学使周之桢延聘，纵游陕西、甘肃、宁夏、内蒙古等地，创作了《西征述》、《熊百山籀字碑歌》、《宋二体石经残碑歌》。咸丰元年(1851)前后再次入陕，主讲关中书院、同州书院，生徒甚众，盛极一时。他初工诗，中年废诗专经。他的诗歌刚健苍劲，富于情趣，自成一体；他的散文思想深刻，文风稳健，具有很强的思辩色彩；他在学术研究上，出经入史，贯通百家，斟酌古今，变而通之，写出了许多很有见地的文章。他在文学、史学、天文、历法、地理、数学、水利、农田、宗教等方面都有研究和著述。著作有：《春晖阁诗选》六卷、《七经楼文钞》六卷、《周易郑虞通旨》、《十四经楼日记》、《中州河渠书》、《游艺录》、《卦气表》、《华岳图经》等。

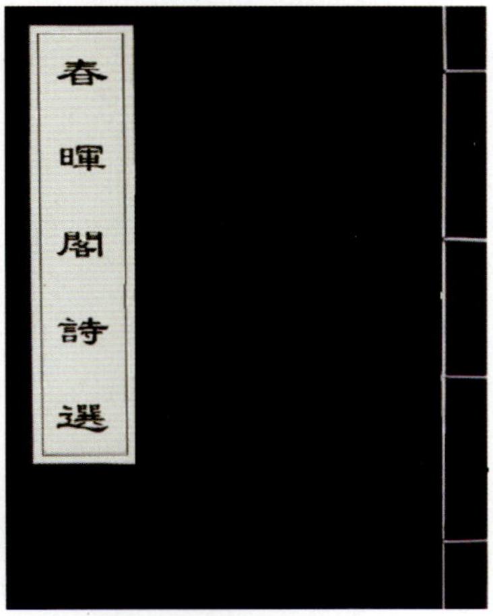

蒋湘南作品

蒋湘南虽然没有做过官，但他却非常关心时政，关心人民的饥苦。他生活的时代，正赶上英国帝国主义向中国倾销鸦片，毒害国民，他马上驰书给大鸿胪黄爵滋，明确指出：鸦片之所以禁止不住，一方面是因为官场的腐败，一方面是因为官吏们自己吸食，表现了他政治上的见识和胆量。

蒋湘南主讲过的关中书院

在现代，李佩伦教授继承古代先贤的优良传统，对一些繁杂的社会现象进行了深刻的剖析。坚守良知，坚守正义，受到广大回族群众的敬重。

李佩伦(1934—)，经名优素福。北京市昌平区西贯市村人。1953年北京回民学院毕业，1959年北京师范学院中文系毕业。中央民族大学教授，兼戏剧研究中心主任、元代文学研究所所长、国家项目《全元诗》主编。他从小受到家庭的宗教熏陶，铸造了他坚定的伊斯兰教信仰和坚毅的伊斯兰教品格。他认为，应该“以教门救心，以文化救族。教门不兴，心死；文化不倡，族亡。”对那些爱信仰、爱乡土、爱民族的人和事，他满腔热情地给予歌颂；反之，则毫不留情地给以挞伐。爱憎分明，缴昂慷慨，“正道直行，惟凭经训”。他创作、发表了许多诗歌，散文，评论。他的诗文，感情真挚，凝重深沉；他的评论，浑然大气，思想深刻。他同时是一个热心公益的社会活动家，为了使穆斯林民族在主流社会和主流民族面前有一席之地，他于1988年组织创建北京穆斯林文化学会，在回族的各个方面进行垦荒。以后，又经常应邀到全国各地进行演讲，介绍伊斯兰教和回族的历史和文化，受到广大群众特别是广大穆斯林的欢迎。2008年，任“阿联酋国王邀请团”团长赴麦加朝觐，著有《绿野沉思——李佩伦文集》、《绿野雄风——李佩伦散文随笔》、《胡笳吟——李佩伦戏剧论文集》。

文 学

象所有的少数民族一样，回族的文学也是非常丰富的。它不单是回族写家创作的书面上的东西，还包括回族群众中流传的口头文学创作。这两者比较起来，民间文学似乎更鲜活，更丰富多彩，更具有旺盛的生命力。

书面文学

说到回族写家的文学创作，回族也是有优良的传统的。他们都能以文学的形象性、情感性，塑造个体的灵魂，整合整体的优势。

唐宋时期 在香料之路的浪涛声中，在丝绸之路的驼铃声中，回族先民风尘仆仆地来到他们向往的天堂。

这些远道而来的藩客，在经过几代人的打拼以后，买卖做大了，汉文化的修养也提高了，于是有些人开始追求一些精神上的东西。

在这里，我们首先必须提到李珣和他的妹妹李舜弦。他们以自己的开山之作，为回回赢得了荣誉。

据有关史藉记载，李珣的先人是波斯人，来华以后，以香药为业。他本人是在四川梓州出生的，青年时期曾广游岭南。他从小即有文名，善长诗词，著有《琼瑶集》。同时兼通医药，著有《海药本草》。可惜的是，这两本书都已失佚。

关于李珣的诗词，据赵崇祚编的《花间集》和《尊前集》的统计，计有54首。他的诗，通过山水的描写，表现出自己傲视功名、消沉避世的情绪。

李珣的妹妹李舜弦是前蜀后主王衍的妃嫔。她擅长写作，现存《随驾游青城》、《蜀宫应制》、《钓鱼不得》等三首，收入《全唐诗》中。她的诗，情景交融，联想丰富，蕴含深深的哲理。

在唐诗辉煌灿烂的黄金时代，回族先民积极地参与到当时的文学创作中，并且留下一些名篇，再怎么说这都是令人欣慰的。

元朝时期 紧跟着穆斯林蕃客的脚步，又一批回族先民被成吉思汗的兵马裹挟着来到中国。此时，他们再也不是流浪城市的行商座贾，而是遍布天下的白帽回回。当官的当官，为民的为民，学者们研究着远去的文明，传教士描画着后世的天堂，科学家构建着奥妙的理想，生意人聚集着堆积的珠宝……当然，也有一些回回写家，以他们新颖的作品，为蒙元时代的文坛带来了鲜活的气息，异域的风采。据《中国回族史》统计，当时回回写家很多，仅留有诗作的就有高克恭、马九皋、马九霄、

高克恭作品

萨都剌、辛文房、房里百花、虎伯恭、仉机沙、伯笃鲁丁、哲马鲁丁、别罗沙、迺贤、买闾、伯颜子中、丁野夫、吉雅谟丁、爱理沙、泰不花等。

萨都剌(1272—约1355)，字天锡，号直斋。其先世为西域人，本答失蛮氏。他本人出生在代州雁门。年幼时，因家境贫困，只好流落他乡，经商为生。泰定四年(1327)，以三甲进士及第。在以后的十年里，先后在江南行御史台为掾、燕南河北肃政廉访司照磨、闽海福建肃政廉访司知事、燕南河北肃政廉访司经历等职。晚年，寓居杭州、绍兴、萧山、安庆等地，道法自然，纵情山水。

萨都剌的诗，山水诗也好，边塞诗也好，都是大气磅礴，奔腾豪放，“一扫往家委靡之势”。干文传在《雁门集序》里说：“其豪放若天风海涛，鱼龙出没，险劲如泰华、云门，苍翠孤耸；其刚健清丽，则如淮阴出师，百战不折。”萨都剌的咏史诗，既是怀古，又是怜今，在咏史怀古中揭露、讽刺、谴责当时的社会现实。特别值得一提的是，萨都剌还有不少的诗，如《鬻女谣》、《征妇怨》等，反映了受苦人的疾苦，很有现实意义。

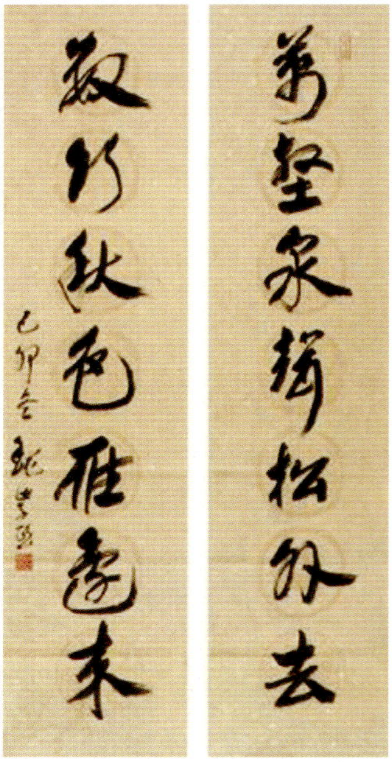

此外，萨都剌还能作画，还写得一手好字；而他为张一村编的《武夷诗集》作的序，可以说是他的诗论、画论。著有《雁门集》、《西湖十景词》，后人编有《萨天锡诗集》、《萨天锡逸诗》等。还有书画《严陵钓台画》、《梅雀》等流传后世，藏于故宫博物院。

马九皋（1270—1350），原名薛超吾，或作薛超吾儿，字昂夫，号九皋。元代著名散曲作家，也作诗词，篆书也有名气。他出生于一个官宦之家，他的父亲做过御史大夫。他自己做过江西行中书省回回令使、秘书监郎官、典瑞院佥院等职。后外放，任零陵永州路、当涂太平路、西安(浙江衢州)衢州路、建德路总管。他为官清廉，耿介敢言。他对统治者专横的高压和“暮四与朝三”的局面非常不满，到晚年甚至徜徉山水，沉迷诗酒，以文学创作求得精神安慰，他唱道：“从此便休官”，“早隐退身无患”，过起了隐居生活。

马九皋的文学创作成名很早，31岁时即有《薛昂夫诗选》问世，得到社会好评。刘将孙说他的诗“超然尘埃混浊之外”，杨维桢在列举“今乐府成鸣者”的八人时，其中就有他和关汉卿。还有人将他和马致远合称“二马”，认为他们是“并世声家”、“卓然高手”，其叹世、怀古、写景、咏物，都具有鲜明的时代特色和个性特点。语言诙谐活泼，“文而不文，俗而不俗”，隐藏着一种无可奈何的悲愤。

不忽木(1255—1300)，康里人，一名时用，字用臣。累官至中书平章政事。不忽木虽为高官，但在生活起居、言谈举止上，却都对自己要求很严。据《元史》列传第三十载，不忽木“家素贫，躬自爨汲，妻织紝以养母……平居服儒素，不尚华饰。禄赐有余，即散施亲旧。明于知人，多所荐拔……居则简默，及帝前论事，吐辞洪畅，引义正大，以天下之重自任，知无不言”。而对官场上的腐败现象，甚至对世祖重用阿合马、卢世荣、桑哥等敛财之臣也敢于冒死直谏，辞官反对。在日常生活上，不忽木酷爱诗文，精于散曲。从现存的套数［仙吕·点绛唇］《辞朝》里，可以看出他梗直的性格和崇高的气节。《辞朝》第一曲［点绛唇］云：

宁可身卧槽丘，赛强如命悬君手!寻几个知心友，乐以忘忧，愿作林泉叟!

不忽木和其长子回回、次子巎巎，均精通汉文化，有很深的儒学修养。回回(1291—1341)，字子渊，官至中书右丞。他同时是一个书法家，“正书学颜鲁公，甚得其体。”[①]巎巎(1295—1345)，字子山，号正斋。累官至礼部尚书，为时之名臣。他同时也是一个书法家，“善真行草书，识者谓得晋人笔意，单牍片纸人争宝之，不翅金玉。”[②]

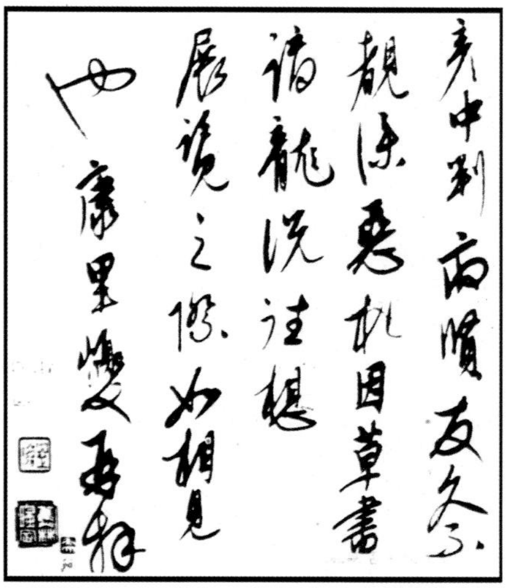

康里人夔夔手书

萨都剌、马九皋、不忽木之外，回回诗人还有很

① 陶宗仪：《书史会要》。
② 《元史》列传第十三。

多。他们的作品带来了鲜活的气息,也为蒙元时代的文坛增添了光彩。

明清时期　明代是回族形成的重要的历史时期。在这个时期，骠悍勇敢的回族人民用自己的生命帮助了朱元璋，使他从一介流民爬上了皇帝的宝座。可是谁都没有想到，朱元璋登基以后，一边写着闻名于世的《至圣百字赞》，一边又命令他们改姓易服，禁止人们同族通婚；一边给“十回保朱”的大将封官奖励，一边又一个一个地把他们打下去，要了他们的命；一边大张旗鼓地推行“片板不许下海”的国策，一边又不声不响地断绝了老回回赖以谋生的海上出路……

生活在朱明王朝的回族写家，在失去蒙元时代的社会地位以后，又被卷入到这样一个艰难的苦痛里。所以，无论是丁鹤年的诗歌创作，孙继鲁的诗歌创作，还是“海岱七子”的诗歌创作、“金陵二金”的诗歌创作，抑或是马从谦、马一龙、马继龙、马守贞、闪应雷的诗歌创作，无不流露出一种忧国忧民的情绪、悲愤苦痛的感慨。

丁鹤年(1335—1424)，字永庚，号友鹤山人。曾祖阿老丁、堂曾祖乌马儿都是西域回回巨商。元世祖西征诸王时，他们不但把全部资财奉献出来，还从军平叛。胜利后，官家以功行赏，阿老丁留居京师。丁鹤年之父职马禄丁荫官至武昌县达鲁花赤，遂籍武昌。鹤年虽然生活在豪门之家，但他却不愿袭荫官职，而愿“奋身为儒生”。

丁鹤年一生沧桑，饱尝了人间辛酸。至正十二年(1352)红巾军袭击武昌时，他和母亲一起避兵镇江；母亲死后，他又到浙东投奔从兄吉雅谟丁；吉雅谟丁死后，他生活无着，“或旅食海乡，为童子师；或寄食僧舍，卖药以自给。”再加上据守浙东的方国珍深忌色目人，他只好潜踪匿迹，逃亡蔽祸，东奔西走，迁徙无常。一直到元朝灭亡以后，他才在海边筑室，安定下来。丁鹤年的晚年是在杭州和武昌度过的，其间，他曾遍游皖、浙、赣、鄂、川、湘、苏各地。逝世后，安葬在武昌寒溪寺后边的山上。

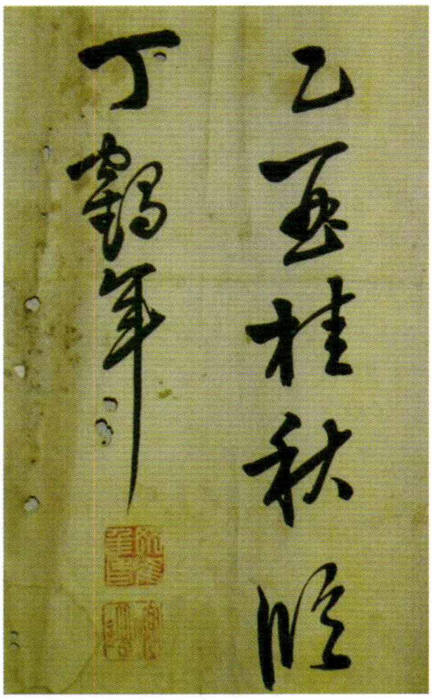

作为一个现实主义诗人，他虽然也同情百姓的辛酸痛

苦，也不满意腐败透顶的元朝官吏，也希望改变这种再也不能维持下去的现实，但是，他终究是元朝的一个豪族后代，是一个十七岁即精通《诗》、《书》、《礼》三经的儒生，他对元朝的彻底复亡又感到沉痛，他对自己不能尽到一个臣子的责任感到悔恨。而在这一切都无法实现的时候，他只好做一个元朝的“草泽遗民”，“偷生江南”，只求把自己的一身清气留在人间。

丁鹤年墓

丁鹤年存诗300余首，传世的诗集有《丁鹤年集》、《丁孝子集》。对于他的诗，《四库全书提要》说：“鹤年既绝意于功名，惟覃思吟咏。故所得颇深，尤长于五七言近体，往往沉郁顿挫，逼近古人，一无元季纤靡之习。”

孙继鲁　字道甫，号松山。其先人为大食人，于元代以前来到中国，定居江南。明初，随沐英入滇，居霑益州松诏关，后迁居昆明右卫。嘉靖二年(公元1523年)中进士，授澧州知州。因为他做事不符合朝廷心意，很快便被改作国子监助教。历任户部郎中，卫辉(今河南汲县一带)、淮安(今湖南泌阳一带)二府知府、黎平知府，湖广提督副使，山西道参政，陕西右布政使，都察院副都御史等职。

继鲁为官清廉，正直耿介，从不屈意适迎，因而多次蒙冤受屈，被捕入狱。在他赴山西任按察使时，想挟机报复的宗藩拦住去路，想从他的行囊里搜到一些财物。结果，他们翻箱倒箧，见到的只是一些破旧衣衫，于是叹息道：“我高皇祖登位，迄今百七十余年，罕见此官!”正因为继鲁执法严明，敢于和皇族、宦官、权臣作斗争，所以得到百姓爱戴，誉为“孙青天”。在他逝世时，京城罢市，数千人聚于街巷，哭声震天。

继鲁博学多才，诗文遒劲，为时杰杨升庵、李中溪“所折服”。著有《破碗集》、《松山集》。《破碗集》是他在狱中用破碗书壁写成的，其中的一首七言绝句，感情深沉，正气凛然：

忧国忧民意自深，谏章一上泪沾襟；

男子至死心无愧，留取芳名照古今。

还有，在有明一代，那些擅长散文的回族政治家，他们在自己的记、书、议、策、序跋、奏疏、传、祭文、墓碑、志铭里，也都以飞扬的文采，表现了自己嫉恶如仇的品格，为民请命的胆识。除了前面提到的海瑞、李贽以外，马文升、马从谦、马自强等也都如此。为了探究古人心灵的奥秘，我专程来到马自强的老家——同州石槽马坊里。望着眼前沙苑的滚滚黄沙，我的心突然摇动起来。我仿佛看到，参典机务的马自强又从北京来到生他养他爱他宠他的老家……

当时，朝廷上抚议决定，把200年前钦赐给郭驸马的田地，除了留下20顷肥地以外，余尽归官。这些归官的都是一些飞沙恶地，可是当官的却要和平原地一样，按上中下三等收租，这无疑给当地增加了负担，使他们啼饥号寒，苦不堪言!

为此，马自强写了一篇《沙苑虚赋议》，慷慨陈辞，上疏皇上：

……奉行者妄希悦上，不顾虐民，身不入沙之中，目不睹沙之实。始甘言而巧诱其报，继用刑而强逼之威，继任意而暗为之增焉。惟欲以多地多租为己功，而不恤下民之虐也。甚矣!

……议事者胡不此察也？独不见沙中之苦乎!？居室无高垣四面环堵皆沙也，冬春多风出门满目皆沙也，门户不能蔽饮食杯皆沙也。况沙随风转、地以沙迁，朝更夕改，月异而岁不同也，亦安得如平民地以上中下三等定之哉!

……此辈穷民不幸，而生于沙中。至苦也!今乃不怜其苦，而又鑿空增顷亩加赋税以益其苦耶![1]

在这篇短文里，马自强道出了沙苑自然条件之恶穷，农民生活之艰苦，同时驳斥了增税者之借口，申诉了输税者之困窘。有理有据，铿锵有力，终于说服了朝廷，减免了沙苑的赋税，获得当地百姓的欢迎。

众所周知，回族从来都是一个社会底层的概念。特别是在清代，由于清代统治者残酷地对待回族，所以回族人民遭遇的苦难更多。作为回族人的写家也是一样。当时虽然也出

① 节选自《马文应公集》卷十一，标点是本书作者加的。

现了许多回族诗人，但是他们的社会地位都比较低。也许正是因为如此，他们和下层人民也就比较贴近，他们写出来的作品大都能反映人民的心声，也就很有现实意义。

江苏溧阳人马世俊(1609—1666)，字章民，号甸臣。顺治进士，官至侍读。他的书法有晋王右军羲之风格，他的诗歌有唐王右丞维的风格，所以当时的人对他有“二右”[①]的称呼。他有很多诗歌描写民间疾苦，谴责暴政，如《泰山妇人行》：

泰山妇人吞声哭，自言家在泰山麓；
白昼不敢出门去，泰山之下猛虎伏。
山风起处声怒嗥，前窜熊罴后麇鹿；
去年吾夫作虎脯，今年吾子葬虎腹。
便欲辞家择乐土，趑趄未行心畏缩。
君不见商君论囚渭水赤，宁成一怒诛三族。
杀身岂肯全寡妻，破家无复存茅屋。
妇人犹在泰山下，终身辛苦守茕独。
吁嗟乎！
食夫食子留我身，翻谢猛虎何其仁。

一个住在泰山脚下的妇人，去年老虎吃了她的丈夫，今年老虎又吃了她的儿子，她本想搬到外地去住，可是她又害怕那里更加残忍的酷吏，所以她还是留了下来。把统治阶级的罪恶，揭露得淋离尽致！

浙江杭州人丁澎(1622—1686)，字飞涛，号药园。顺治进士。入仕后，因典试河南时违犯试场规例，被发配靖安(今吉林洮安)。五年的谪中生活，使他吃尽了苦头，有时甚至以生米和着雪水充饥。这一切的经历，都成了他创作的源泉；但不管是哪种，都是底层的，苦难的，辛酸的，在《听石城寇白弦索歌》这首诗里，通过对弦索女的描写，反映了当时所有女艺人的悲残命运。她们虽然技术高超，但仍然改变不了自己不幸的遭遇。抒情状物，委婉有致，寄托了诗人满腹的同情。清代著名诗人吴伟业评论说：这首诗，“低回宛转，音调凄清，《琵琶》、《长恨》而后，谁能作此声调!”

---

① 《国朝先正事略》卷三八，《马章民先生事略》。

民国时期 历史走进民国以后，随着时代的不断进步，文学的主体再也不是旧体诗词，而是出现了富有时代气息的小说、诗歌、散文。回族文学也发生了很大的变化，出现了诗人沙蕾、姚欣则、马德俊、木斧、马瑞麟，小说家沙陆墟，白平阶，翻译家马宗融、纳训等。

在这里我们必须提到，以前几百年回族文人的文学创作，大都是千方百计向主流文化靠拢，没有自己民族的特点。进入民国以后，他们的民族意识开始觉醒，于是出现了一些具有回族和伊斯兰特色的作品。诗人姚欣则1944年创作了诗歌《扎白头巾的妈妈》，小说家白平阶1945年创作了小说《古树繁花》，翻译家纳训1934年在埃及艾资哈尔大学学习期间翻译了《一千零一夜》(前二卷)、《古兰经的故事》，翻译家马宗融在抗日战争时期，促使著名作家老舍和宋之的合作写出了表现回汉人民共同抗日的话剧《国家至上》等。

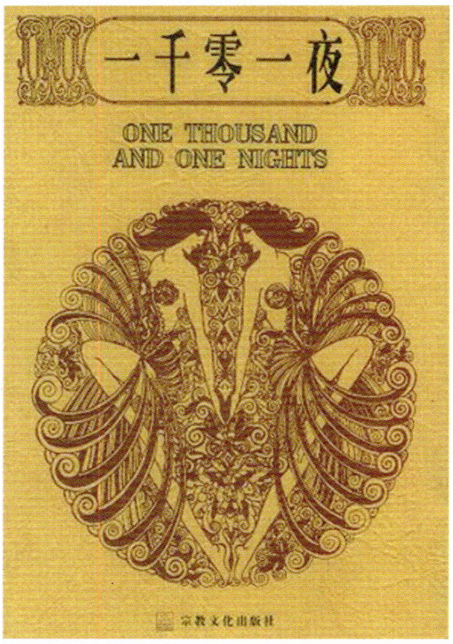

中华人民共和国成立以后，回族文学的创作进入一个新的历史时期，宁夏、甘肃、山东、云南、新疆等省(区)，都出现了一些富有才华的作家、作者，并且形成了一个个创作群体。这中间，有些人还以自己独树一帜的作品，在中华民族文学之林里放出异彩。

张承志(1948—)，原籍山东济南，出生于北京。1967年北京清华大学附属中学毕业以后，到内蒙古东乌珠穆沁插队，在草原上当了四年牧民。以后上学深造，毕业于北京大学考古学系、中国社会科学院研究生院民族系。曾在中国历史博物馆、中国社会科学院民族研究所工作，后辞去公职，成为自由作家，并画油画；同时，他也是“哲合忍耶百姓义学志愿辅导员”。

张承志长期从事的中亚、新疆、甘宁青历史宗教研究，为他以后的文学创作打下了坚实的基础。

张承志的文学创作是从上个世纪70年代开始的。从他的第一篇小说《骑手为什么歌唱母亲》，到后来的《黑骏马》、《北方的河》、《黄泥小屋》、《西省暗杀考》等，都对人的价值进行了深沉的思索。

1984年，张承志来到西海固。在这里，他结识了一大批哲合忍耶教友。哲合忍耶为了维护信仰的纯洁和心灵的自由而不惜牺牲的英雄主义精神，使他的心灵受到极大震撼，他创作完成了他的心血之作《心灵史》。

张承志

此后，张承志停止了小说的创作，而转向散文及学术随笔的写作。他开始思考一些重大的文学命题，思考时代、国家，思考民族、宗教。他以一种独立不羁的品格审视世界，他以一种庄严深邃的眼光品味人生，他以一种坚强不屈的信念捍卫神圣的信仰，他以一种熔历史、文学、哲学，熔诗歌、音乐、绘画为一炉的新的文学样式，创作出版了散文集《绿风土》、《荒芜英雄路》、《清洁的精神》、《牧人笔记》、《鞍与笔》、《以笔为旗》、《一册山河》、《谁是胜者》、《鲜花的废墟—安达卢斯纪行》、《聋子的耳朵》等。在张承志的作品里，充满了典型的忧患意识、强烈的社会责任感和炽热的爱国主义激情，他是一个十足的理想主义者，坚持不懈地追求“人性之大美”。可以说，他在用宗教写作，他在为现代社会的沉沦亮出了一条拯救之路。

张承志著《黑骏马》

和大陆上的作家遥相呼应，旅居海外的一些回族作家也怀着一片赤子深情，写作、出版了一些反映他们自身生活的文学作品，为回族赢得了荣誉。

白先勇(1937—)广西桂林人。当代著名旅美作家。

白先勇的少年是在抗日战争中度过的。抗战胜利以后，他迁居香港，后来又移居台湾。台湾大学外文系毕业以后，1963年到了美国，在美国爱荷华大学作家工作室从事创作研究、在加利福尼亚州立大学讲授中国语言文学。

白先勇的文学活动是从1958年开始的。那年，他参与组织南北社，创办《现代文学》杂志，并发表处女作、短篇小说《金大奶奶》，从此一发而不可收拾。著有短篇小说集《台北人》、《纽约客》、《寂寞的十七岁》，长篇小说《孽子》，剧本《游园惊梦》，杂文集《蓦然回首》，五卷本《白先勇文集》等多部作品。

白先勇的创作，特别是他的小说创作，在华人世界影响很大，享有盛誉。有人认为，他是“当代中国极有才气与成就的短篇小说家”。小说集《台北人》是他最有代表性的作品。收在这个集子里的14篇小说，一方面反映了客居台湾的台北人的生活，反映了他们感时伤怀的情绪；另一方面也表现了作者对他们的同情，表现了作者对中华民族的终极关怀。施建伟认为，白先勇的小说，“他在对人性的深刻剖析中看到了毁灭性的力量在诱惑这个世界向深渊走去。可能一切都会渐渐地失去它的光彩。于是，他感慨……心中充满了悲悯和叹息”。马梅萍也认为，“白先勇作品所展示的悲悯情怀，时间和空间上的乡愁以及对于逝去时代的感伤、古典文化的响往，成为现代华语文坛上的一种独特的文学现象，具有无可替代的文学和思想意义。”

回族民间文学

在漫长的封建社会里，回族写家的文学创作很少有和伊斯兰搭界的，很少有反映回族人民生活的。要不是社会底层的民间文学创作，回族就真的没有了话语权。也许正是因为如此，历朝历代的统治者都认为“花儿”是“俚词”、“野曲”，从骨子里想要把它们从山沟沟里抹掉。甚至，直到1936年，在大西北的乡庄里，官家还禁止人们演唱“花儿”。有告示曰：“无论居民或行人，若在近村唱歌曲者，执打柳鞭一百二十下。”①

但是，历史的脚步是谁也阻挡不住的。回族的这株嫩苗就是从石头缝里也会冒出来。但是由于种种原因，它们只能靠口头相传，而没有任何文字记载。这种情况，直到上个世纪三十年代才开始改变。1925年，袁复礼在《歌谣》周刊第82号上发表了30首甘肃“花

---

① 许赓雅《西北视察记》，中国科学公司，1936年初出版。

儿”。1940年，张亚维编著的《花儿集》里收录了653首“花儿”及回族民间叙事长诗《马五哥曲》。在这本书的《前记》里，张亚维明确指出，“‘花儿’这种山歌发源于回教同胞最多的河州，而且回教同胞又为歌唱‘花儿’的主要‘唱家’”。特别值得一提的是，1984年，由我的中学老师王十仪先生主编、由我的文友李树江先生执笔的《中国回族民间文学概观》在宁夏人民出版社出版。从此，回族民间文学在回族文化的百花园里，占有了一席之地。如今，这两位汉族学者都已经过世，但是他们却留下了这份宝贵的文化遗产，

花　儿

让人们永远地怀念他们。

我走过许多地方。从黑龙江的太阳岛到彩云之南的澜沧江边，从海南岛的天涯海角到新疆的那拉提草原。我发现，凡是有回族生活的地方，就一定有回族的传说、歌谣、谚语、民间故事、民间说唱。并且，越是落后的地方，这种民族民间的东西就越繁荣，越有一派蓬勃的生气。可以说，现实的一切在民间文学里都有生动而深刻的反映。反映穆圣传教的民间传说《圣人遇险记》、反映民族历史的历史传说《宛尕思的故事》、反映婚姻爱情的叙事诗《马五哥与尕豆妹》、反映民族英雄的叙事诗《歌唱英雄白彦虎》。还有，在许多的民间文学里，还充分地反映了回族人民的信仰、仪礼、生产、生活等风俗习惯。但是，由于回族居住上的“大分散、小集中”的特点，这些民间文学大都带有一些地方色彩，内容上也有些出入，大同小异。

回族的民间文学，构思巧妙，形象生动。由于它能最直接、最真实地反映回族人民的思想感情，表达他们的要求愿望，所以深受广大回族人民的欢迎，并且成为一种宝贵的精

西北五省区花儿演唱会

神财富，南北呼应，代代相传。

对于这些以笔为旗的学子，伊斯兰教非常尊敬。穆罕默德圣人说：“学者的墨汁，其贵重不亚于殉教者的热血。”这，激励者、也鼓舞着历朝历代的回族学子，兢兢业业，不屈不挠，为民族、为国家做出了重大贡献!

第七章　回族艺术

回族是一个多族源的民族。这些民族，大都能歌善舞，刚一说话就会唱歌，刚一走路就会跳舞。所以回族形成以后，很自然地继承了这种传统，并且参与到中国众多艺术形式的创作里。无论是历朝历代的文人创作，还是山间野岭的民间创作，全都取得了突出的成绩。

回族艺术

回族是一个多族源的民族。这些民族，大都能歌善舞，刚一说话就会唱歌，刚一走路就会跳舞。所以回族形成以后，很自然地继承了这种传统，并且参与到中国众多艺术形式的创作里。无论是历朝历代的文人创作，还是山间野岭的民间创作，全都取得了突出的成绩。

戏剧

作为一个回族人，一定要牢牢记住：自己的一切，精神的，世俗的，都必须在伊斯兰的观照下思想行事。否则，就不可能获得人们的认同。

当然，作为一个生活在现代社会的回族人，也一定要明白：作为一种表演艺术的戏剧，它能“启迪心智，净化灵魂，使人在善行与理性的阶梯上步步高升。”[①]回族人何尝不需要有这样的现世的耕耘？！

所以，从中国戏剧出现的那一天起，回族便以自己的生活、自己的音乐、自己的表演参与到这种艺术形式的创造中。

这是事实。

元代的杂剧，是元代出现的主要的戏剧形式。

在元代，从事元杂剧创作的剧作家，从主流社会上讲，成绩最大者当属汉族的“元曲四大家”：关汉卿、马致远、白朴、郑光

① 李佩伦：《回族与戏剧文化》，山西古籍出版社《绿野沉思》，1994年6月第1版，第140页。

祖；还有和回回有些关系的王实甫。

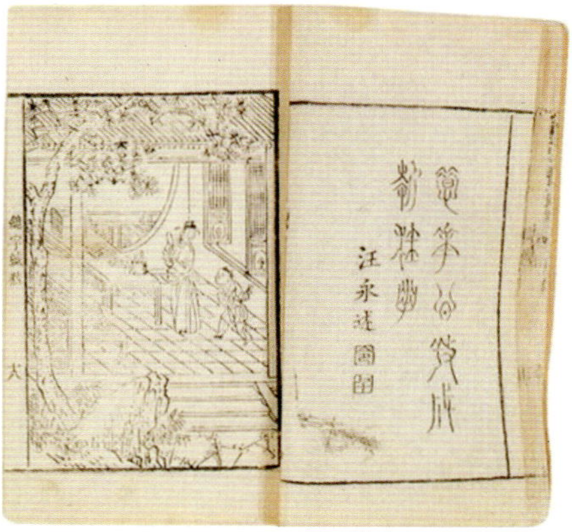

西厢记

王实甫，河北定兴县人。他的父亲王逖勋曾任通议大夫、礼部尚书、太原郡侯。王逖勋年轻时，曾跟随成吉思汗西征，并娶信仰伊斯兰教的阿噜浑女为妻。这样说来，王实甫有一半回回血统。

王实甫做过官，并且累官至陕西行台监察御史。只因“与台臣议不合”，40岁便弃官不仕，从此混迹于勾栏瓦舍之间，出入于歌台舞榭之中，并且创作了14部杂剧，其中最有名的当然是《西厢记》。当时人说：“新杂剧，旧传奇，《西厢记》天下夺魁。”

从一些古籍里可以看出，元代出现了许多回回杂剧作家，特别是丁野夫。

丁野夫(1300—1368) 的杂剧创作，据元末明初贾仲明的《录鬼簿续编》载有《俊憨子》、《赏西湖》、《清风岭》、《浙江亭》、《双鸾栖凤》，又据清人李元玉的《北词广正谱》载有《望仙亭》，可惜的是这几种剧本都已佚失。

元代以后，回回的社会地位每况愈下，残酷的民族压迫迫使他们不得不在死亡线上挣扎。在这种大背景下，回族写家仍然没有放下自己手上的笔，孜孜不倦，坚持写作。清代诗人马世俊还写了八折戏剧《古其风留人眼小说》、四出戏剧《齐人记》。比马世俊稍后的诗人丁澎还写了戏剧《演骚》。回族的戏剧就这样缓慢发展，一直到中华人民共和国成立以后，才有了改变，出现了一批回族人创作的戏剧，如沙叶新的话剧《陈毅市长》、赵之洵的大型民族舞剧《丝路花雨》、薛恩厚(和汪曾祺、肖甲合作)的沪剧《芦荡火种》、张宝申的评剧《黑头儿与四大名旦》、宁夏西吉县文工团的花儿歌舞剧《曼苏尔》等。

和回族的戏剧创作比起来，回族的戏剧表演似乎更为突出。在这方面，在早期的文字记载里非常之少，不全面，不系统，根本看不出历史的脉络。

在《雪蓑渔隐青楼集》一书里，记载了元代著名回回女演员米里哈。据说，她“歌喉清婉，如入神品；貌虽不扬，而专攻贴旦杂剧”。这里记载的虽然简单，但却是最早记录回回女演员的材料，所以显得非常珍贵。

在《壮悔堂文集》一书里，记载了清代的回族戏剧演员马锦。据说，“马锦……先西域人，字云将，时称马回回，亦称马伶。善歌。”

在这里，还有一段马锦蒙耻学艺的故事。

当时，南京有两个最红的戏班子：一个叫兴化部，一个叫华林部。有一天，一个豪商专门把两个戏班子请到家里，让他们同时上演奸相严嵩的故事《鸣凤记》，他自己从中取乐。当时马锦在兴化部，并且是主演。他怎么都没想到，演出刚刚开始，自己的观众便跑到华林部的台下去了。这对马锦来说，简直是受到莫大污辱。他怎么都忍受不了，换了件衣服便逃走了。从此，马锦隐姓埋名，跑到北京顾秉谦的宰相府当了奴仆。三年当中，他认真观察奸相顾秉谦的行为做派，喜怒哀乐。等到把一切都弄得烂熟以后，他才回到南京。然后粉墨登场，把自己的心理体验放到扮演的严嵩的身上，从而获得巨大成功，名噪当时。

清乾隆以后，随着四大徽班进北京，被誉为国剧的京剧开始成熟起来，许多想要献身京剧艺术的回族人不断加入到京剧的行列中，并且产生了一批京剧表演艺术家，其中最有名的是“回族梨园三杰”：马连良、侯喜瑞、雪艳琴。

马连良(1901—1966)，中国京剧马派艺术创始人。北京人。字温如。9岁学戏，10岁登台。初习武生，后学老生，初宗谭鑫培，又学贾洪林，兼学余叔岩。他广泛师承，开拓戏路；承前启后，继往开来。在长期的艺术实践中，他以生活为依据，对京剧传统艺术做了较大改革，唱腔甜润酣畅、念白清晰传神、做派潇洒飘逸，把京剧的生行艺术推向巅峰。在长达半个世纪的舞台生涯中，他创作、改编、整理、演出了200多个剧目，如《借东风》、《打鱼杀家》、《游龙戏凤》、《鸿门宴》、《苏武牧羊》、《三顾茅庐》、《赤壁之战》、《赵氏孤儿》、《清官册》、《春秋笔》、《海瑞罢官》

等。历任北京京剧团团长、北京市戏曲专科学校校长、中国戏剧家协会艺术委员会委员。有《马连良演出剧本选集》行世。

侯喜瑞(1892—1983)，著名京剧表演艺术家、教育家。北京人。字霭如。他11岁时入喜连成科班，初习老生，后改花脸。曾师从河北梆子艺人勾顺亮、曾受业京剧大师肖长华、曾得到具有“活曹操”美誉的黄润甫的真传，广蓄博求，勤学苦练，精益求精，不断创新，终以古朴、苍劲的韵味创立了独树一帜的侯派艺术。他的唱法质朴壮美，吐字真切，念白清爽苍劲，做工层次分明，工架精美传神，武功矫健精湛。他曾和著名京剧演员杨小楼、梅兰芳、余叔岩、程砚秋、高庆奎、马连良等合作，演出过300多出花脸戏，代表作有《取洛阳》、《法门寺》、《连环记》、《战宛城》、《盗御马》、《芦花荡》、《青风寨》、《闹江州》、《丁甲山》等。他所创造的曹操、张飞、李逵、牛皋、窦尔敦、欧阳芳、黄盖、马武、潘洪、严嵩、殷洪等艺术形象，形神兼备，色彩鲜明，给广大观众留下了深刻的印象。他和郝寿臣、金少山一起鼎足而立，被尊称为“净行三杰”。晚年执教于中国戏曲学校、北京市戏曲学校，并为北京戏曲研究所研究员。著有《学戏和演戏》。

作为一个虔诚的穆斯林，侯喜瑞在每次演出之前，都要默念清真言，乞求安拉宽恕。

雪艳琴(1906—1986)，北京人，原名黄咏霓。她四岁时开始学唱梆子，七岁时开始演出折子戏《捡柴》，获得好评。十五岁时改唱京剧，先拜靳国瑞为师，后来又得到四大名旦尚小云的亲传，青衣、花衫、花旦、刀马旦功力日进，唱红北京。后来到上海，先和高庆奎、周信芳合作，后来又和郝寿臣、周瑞安同台演出；除演出外，她还和谭富英合拍了我国第一部有声戏曲片《四郎探母》。

雪艳琴戏路宽广，文武兼备，扮相俊美，嗓音甜亮。具有卓越的艺术成就和广泛的社

会影响。在三十年代后期评出的“四大坤伶”中，她名列首位。近人邹苇澄在《戏品》里评介她的演唱特色时说：“得畹华之神彩，领御霜之缠绵，具小云之清越，兼留香之绮丽。总四家而擅美，跨南北之孤出。”

作为一个穆斯林，雪艳琴特别注意看守自己的伊玛尼，逢到主麻、赶到斋月便不演出。直到临终前两年还在坚持拜功、斋功，表现出自己虔诚的信仰。

除了京剧以外，在不同剧种的不同行当中都有很多回族人参与到戏剧表演的创作中，并且出现了一批很有影响的艺术家，如评剧马泰、话剧李默然、汉剧尹春保、滇剧王树萱、豫剧马琳、歌剧李元华等，都为回族的戏剧艺术做出了自己的贡献。

如果说，回族戏剧的发展是艰难的、曲折的、坎坎坷坷的，那么回族曲艺的发展就更是艰难的、曲折的、坎坎坷坷的。虽然历朝历代都有回族艺人在说唱曲艺，但是却很少有关于他们的记载。但是，从相声大师马三立的家世上却可以看出这些人的苦难。

清朝末年，甘肃省永昌县有个姓马的船工，他有个儿子马诚。马诚在跟着父亲飘泊江湖的过程中，练就了一口说唱评书的本事。后来定居北京，成了京中有名的评书艺人。

民国初年，马诚的儿子马德录在父亲的影响下演技日臻成熟，声名大噪，在京城“相声八德”里有了名号。马德录就是后来成为相声大师的马三立的父亲。

马三立（1914—2003），著名相声表演大师。北京人。14岁开始跟着父亲马德录学艺，后来又拜周德山为师。其间曾学会说、学、逗、唱各种类型的相声200多段。中华人民共和国成立以后，参加天津人民广播电台曲艺团，后来又调到天津市曲艺团。曾首演《买猴儿》、《开会迷》、《十点钟开始》，在全国影响很大。他的表演淳厚，灵俏，机趣，稳健。他认为，相声表演一定要含蓄，“不含蓄，也就谈不到幽默”。著有《艺海飘萍录》、《马三立相声选》等。

曾任第四届全国文联委员、天津市曲艺家协会名誉主席、北京穆斯林文化学会副会长等。

音 乐

在艺术领域里，音乐和戏剧一样，具有启迪心智、净化灵魂的作用。所以，在中国历史的各个时代里，都有一些回回人参与到回族音乐的创作中，并且还出现了一些很有影响的领军人物。从他们创作和演出的曲目里，既可以看出伊斯兰文化传统，也可以看出汉文化传统。但不管怎样，伊斯兰传统始终是根，是生命，是灵魂。

唐代，随着回族先民不断来到古都长安，一批胡人音乐家也跟着来到这里，一批胡人乐器如“苏尔奈”、“库布斯”、“德西马琴”、“奈伊”等也跟着带到这里，一批胡人的乐曲也跟着传到这里。

当时，长安的音乐歌舞非常红火，“千歌百舞不可数”①。在官家，不仅太常寺的大乐署有很多乐工，皇宫内的内教坊有很多乐工，位于光宅坊的右教坊、位于长乐坊的左教坊里也有很多乐工。在朝会大典用的“十部乐”里，除了“燕乐”、“清商”、“天竺乐”、“高丽乐”以外，还有“龟兹乐”、“安国乐”、“疏勒乐”、“康国乐”、“高昌乐”、“西凉乐”等，都是从西域传过来的，和伊斯兰有关的!

这些外来的胡人音乐家，有的进入宫廷乐队，有的在市井坊间演唱、演奏。有些诗人看得高兴了，便写诗抒情。从白居易的《听曹刚琵琶兼示重莲》、李欣的《听安万善吹觱篥歌》、李白的《观胡人吹笛》、李贺的《李凭箜篌引》、李端的《胡腾儿》里，可以想见回回音乐为大唐帝国带来的歌舞升平的盛况!

时至今日，在西安鼓乐社演奏的曲子里，还可以听出胡乐的旋律。还有，因为当年流传到这里的西域龟兹乐很多，象贝、笙、箫、琵琶、五弦、横笛、筚篥、羯鼓、铜钹、腰鼓、竖箜篌、都昙鼓、毛员鼓、答腊鼓、鸡娄鼓等，所以龟兹便成了龟兹乐的泛称，也成

---

① 白居易：《霓裳羽衣舞歌》。

了外来音乐的代名词。再加上不知何人、何时把龟兹的“龟”读成了乌龟的“龟”，所以很多人便以讹传讹，把乐人和吹鼓手统统叫“龟子”!这也成了人们茶余饭后的一个笑料!

回族先民到中国来，唐代的人数很多，还有就是元代。

因为元代重用色目人，所以回回人不但在政治上、军事上、经济上发挥了重要作用，也在文化建设上做出了自己的贡献。

至元二十年(1283)，元朝政府在礼部下设立了一个仪凤司，掌管汉人、回回、河西三色细乐，负责祭记、宴享、娱乐的奏乐和演出。其中回回乐队用的是原来引进的箜篌、琵琶、胡琴，还有当时引进的火不思、兴隆笙、七十二弦琵琶。演奏的也是回回乐曲，如：“伉里”、“马黑某当当”、“清泉当当”等。

这些回回曲目传到中国以后，马上被运用到杂剧的表演体系之中，吴昌龄的《西天取经》、无名氏的《牧羊曲》都有回回曲出现。这种情况，一直沿袭到元末明初。

穆罕默德圣人说：“鼓乐和歌唱，是非法与合法之间的一件事情。”[①]

那些健康的、昂扬向上的鼓乐与歌唱，应该是“合法的”；而那些消沉的、委靡不振的鼓乐与歌唱，应该是“非法的”。

此时，我们仿佛看到：摩洛哥的旅行家伊本·白图泰，风尘仆仆地来到元代的中国，以一个穆斯林的眼光记下了他所见到的一切。在《总长官郭尔塔》[②]那篇短文里，还有歌手乐师欢迎他的场面呢!

> 他是中国的总长官。承蒙他于其府内治备宴席招待，全城要人出席作陪。为此请来了穆斯林厨师，按伊斯兰教法宰牲治席。这位长官尽管地位极高，却亲手给我们布菜，亲手切肉待客，我受他款待一连三天。他还派他的儿子陪我们去港湾，搭乘游艇一艘，其状如火弹船。长官的公子搭另一只船，他携带歌手乐师，他们用中文，用阿拉伯文，也用波斯文演唱。而公子嗜爱波斯音乐。歌手们演唱一首波斯诗，公子命他们重复多遍，使我于倾听之后，竟熟记无误了。这支歌极其委婉动听。
>
> 港湾内船艇相接，帆墙蔽天。彩色风帆与绸伞，相映生辉。雕舫画艇，十分精

① 陈克礼译：《圣训经》。

② 见马金鹏译：《伊本·白图泰游记》，宁夏人民出版社，2005年。

致。游艇相遇时，乘客多用柑桔、柠檬投报。我们至夜晚才回长官府，便寄宿于府内，晚上歌手乐师再次上演动人的妙曲。

现在，也让我们对照穆圣的教诲和伊本·白图泰的记录检讨一下我们自己的行为吧!

1937，日本帝国主义发动了侵略中国的战争。在这国难当头的时候，富有血性的回族人马上行动起来。他们高高举起“爱国是信仰的一部分”的伟大旗帜，冲锋陷阵，奔向抗日的战场。

此时，在北京的一间简陋的房子里，《月华报》主编王梦扬再也坐不住了。他仿佛看到疯狂的日本帝国主义在烧杀抢掠，大批大批的骨肉同胞倒在了血泊之中……他的眼里燃烧着烈火，他愤怒地把笔掷到桌子上，吼出了一曲抗日的壮歌《迈进》：

全中国的穆士林，大家要奋起负起抗战建国的使命。我爱我宗教，更爱我祖国，国若灭亡教安能独存。亲爱的同胞们，大家莫迟疑，快向胜利道路上迈进。全中国的穆士林，大家要奋起抵抗日本军阀的侵凌。

此时，桂涛声也从彩云之南北上山西，在抗战前线创作了《在太行山上》。歌词经过著名音乐家冼星海谱曲以后，马上在全国传唱起来，产生了深远的影响。

红日照遍了东方，自由之神在纵情歌唱!看吧!千山万壑，铜壁铁墙，抗日的烽火燃烧在太行山上，气焰千万丈!听吧!母亲叫儿打东洋，妻子送郎上战场。我们在太行山上，我们在太行山上；山高林又密，身强马又壮。敌人从哪里进攻，我们就要它在哪里灭亡!敌人从哪里进攻，我们就要它在哪里灭亡!

随着抗日战争的不断深入，中国穆斯林的抗战热情也不断增长。1938年，音乐家马丝白为中国回民救国协会的《中国穆士林抗敌曲》谱曲。从此，这首歌便象长了翅膀，很快传遍各地，在保卫祖国、保卫家乡的斗争中发挥了巨大作用。

起来吧!中国的穆士林，举起我们的宝剑，发出我们的吼声，贯彻爱国的品德，负起保族的使命，认清我们的敌人日本 。它施放无情的炮火，它残杀我们的国民，要把中华一口并吞，我们决不受它的侵略。穆士林!前进!前进!

中华人民共和国成立以后，有更多的回族人参加到回族音乐的创作中，指挥，作词，作曲，歌唱，演奏，方方面面的人都有。其中，指挥家李德伦，作曲家陈钢，在全国都是很有影响的。

李德伦(1917—2001)，北京人。1946年上海音专毕业以后，奔赴延安参加革命，任延安中央管弦乐团指挥。中华人民共和国成立以后，到莫斯科音乐学院指挥系研究生班学习指挥，其间曾任苏联国家交响乐团助理指挥。1957年回国以后，历任中央歌剧院、中央歌舞剧院、中央乐团交响乐队指挥，指挥过贝多芬交响乐团、卢森堡国家广播乐团、民主德国施威林交响乐团、多伦多交响乐团及前苏联国家交响乐团、列宁格勒交响乐团等20多个交响乐团演出。1987年指挥中央乐团等11个专业团体的800多位演奏家组成的交响乐队演出“交响乐之春”音乐会。他还是中国音协第四届委员会副主席、表演艺术委员会主任、北京交响乐团荣誉团长、指挥，并多次担任国际音乐比赛评委。多年来，在全国许多城市巡回演出，举办《交响乐欣赏讲座》，普及交响乐知识。凭着对乐曲的深刻理解，独特的阐释以及指挥中的才气与灵气，使得李德伦的指挥别具一格，独具风采，被人们称为“中国交响乐之父”。1980年，荣获国家文化部授予的指挥荣誉奖。1986年，荣获匈牙利政府文化部授予的李斯特纪念奖章。

陈钢（1938— ），上海人。教授。陈钢生于一个音乐世家，他的父亲陈歌辛创作了中国第一部歌舞剧《西施》，还创作了《春花秋月何时了》等许多歌曲，影响很大。陈钢1949年参加中国人民解放军，任华东军政大学政治部实验剧团演奏员。1960年上海音乐学院作曲系毕业以后留校任教，与何占豪共同创作小提琴协奏曲《梁山伯与祝英台》，香港唱片总公司曾授与金唱片一张。其他作品有《陈钢小提琴与钢琴曲集》、《竖琴曲集》、《双簧管协奏曲》，小提琴协奏曲《王昭君》，古筝协奏曲《杨贵妃》，以及《鼓与歌》、《我爱祖国的台湾》、《阳光照耀着塔尔库尔干》等。1981年应邀赴美国、加拿大讲学。1985年应邀赴香港参加陈钢作品演出。

生活在山沟野洼的回族人，由于没有人为他们表演歌唱，他们只好自编自演，自娱自乐。其内容丰富多彩，其形式多种多样。特别是一些民歌，能歌唱，能舞蹈，尤其受到广大人民的喜爱。在大西北，青海、甘肃、宁夏一带，人们揽羊时要漫“花儿”，掏地时也要漫“花儿”。而靠近陕北的盐池、环县、华池一带，人们搬船时要唱“信天游”，赶牲灵时也要唱“信天游”。就象他们表白自己的民歌时唱的：“‘花儿’本是心上的话，/不唱由不得自家!”“信天游，不断头，/断了头，下苦人无法解忧愁!”可以说，演唱民歌，成了人们现实生活的重要组成部分，成了他们精神上的一根支柱!

随着时代的不断前进，一些新的艺术形式也不断出现。那些有志于此的人，马上抓住这个机会，投身到自己喜爱的事业里。著名女导演王苹、著名电影演员张平、达式常、傅艺伟、著名女高音歌唱家张越男、方明、著名歌手蔡国庆、著名朗诵艺术家童自荣、张家声、著名播音员、主持人王刚、海霞、著名小品演员蔡明等都在群众中有很大影响。

书　画

在谈到回族的绘画艺术时，我们必须要说明：由于伊斯兰教信仰的关系，回族画家们画的大都是一些山水花草，而应该没有人物或动物的具体形象。

尽管如此，在漫长的时间里，仍然产生了许多很有影响的画家。他们以自己独特的艺术作品，丰富了中华民族的艺术宝库。在这里，我们必须提到元代的高克恭、清代的改琦、还有民国时期的马骀，他们都是这个方面的皎皎者，名重当代，影响深远。

高克恭（1248—1310）①，元代诗人、画家。大都房山人，名彦敬，号房山道人，累官至刑部尚书、大名路总管。他擅诗，也会画。二者相比，他在画坛上的地位比在诗坛上的地位还要高，成就也更大。在绘画上，他专擅山水，兼工墨竹，有时也画一些花卉草木。他的画神韵深远，诗意盎然，崇尚气韵，手法独特，往往为后世所称道。王冕有诗曰：“国朝画手不可数，神妙独数高尚书。”张宪称赞道：“高侯画山谁与匹，名重当今数第一。”耿其昌甚至说：“诗至少陵（杜甫），书至鲁公（颜真卿），画至二米，古今之变，天下之能事毕矣。独高彦敬兼有众长，出新意于法度之中，寄妙理于豪放之外。所谓游刃有余，运斤成风，古今一人而已。”这些都说明，他在画坛上所占的非常重要的地位。

高克恭的画，虽说是公余之作，但也偶有所得，如《山雨图》、《墨竹图》、《墨竹坡石图》、《春山晴雨图》、《春云晓蔼图》、《秋山暮蔼图》、《青山白云图》、《山

① 参阅《回族简史》修订本。

村隐居图》、《溪山清话图》、《林峦烟雨图》、《云横秀岭图》等。可惜的是，由于种种原因，流传至今的却寥若晨星，惜矣哉！

改琦（1774—1828）[①]，清代画家、词人。字伯蕴，号香伯，又号七芗，别号玉壶外史。原籍宛平（今属北京），先祖宦松江，遂为松江华亭（今属上海）人。在绘画、书

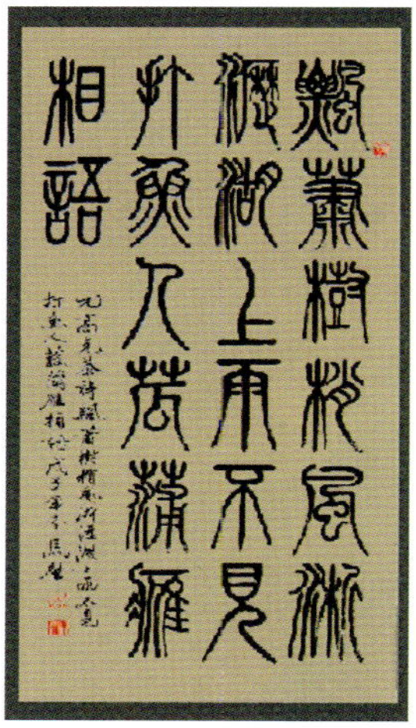

高克恭作品

法、诗词等方面，都有很深的造诣，人称“三绝”。他擅长画人物、佛像、山水、花卉、兰竹等。所画山水花草，“用笔超逸，迥出尘表”；所画人物仕女，“愈拙愈媚，跌宕入古”。特别是人物画，尤为出众。所作《红楼梦图咏》48幅，生动逼真，鲜艳雅致，用典型环境烘托出人物的性格和内心世界，在所有为《红楼梦》的插图中堪称精品。还有《百子图》12幅，通过玩龙舟、放风筝、荡秋千、耍杂技、骑大马等玩耍场面，表现出儿童的欢乐心态，有较高的审美价值。其他传世作品《金鼎和羹图》、《少年听雨图》、《仕女轴》、《玉鱼生像横轴》等，也都各有特色，是清代人物画的上品。

马骀（1886—1938）[②]，民国时期国画家。原名马駬，字子骧，号企周，别号环中子，四川西昌人。他16岁时拜周境塘为师，学习绘画。周老师鼓励他要发奋为人，

① 白寿彝主编：《中国回回民族史》，中华书局，2007年9月第1版，第1205页。
② 白寿彝主编：《中国回回民族史》。

卓异自立，要到名山大川去，师法自然，开阔眼界，拜师深造，只有这样才能取得更大的成就。老师的见解和教诲对马骀有很大影响，他开始在四川、云南等地作画写生，接着又由宜宾顺江而下，过三峡，出夔门，到汉口，还是作画写生。后来，由于得罪当局，他不得不离开四川，北上宁夏。在那里，他得到宁夏护军使马福祥将军的帮助，由甘肃，到陕西，登华山，出潼关；然后经河南，到山东；接着又南下苏皖，直抵江浙。在十几年的时间里，他遍游了大江南北，饱览了名山大川，对他的创作起了很大的促进作用。1920年到上海以后，又拜上海著名书画家曾农髯为师，文学、诗词、书画有了更深的造诣，绘画也进入到一个更高的境界。

在绘画上，马骀把西洋画法和中国的传统画法很好地结合起来，逐渐形成了他的国画艺术的独特风格。人物、山水、花鸟、仕女、翎毛、花卉样样精通，特别是“博古花卉”更为突出，有“画学博士”之称。他的画在东京、伦敦、巴拿马、新加坡等地展览，驰名海外，被誉为“世界画笔”。据《西昌县志》载，马骀的国画作品和国画论著有：《马骀画宝》三集、《企周画集》一集、《马骀画问》四卷、《四言画诀》一卷、《企周画剩》一集和《企周画诀业大全》二十卷。其中《马骀画宝》出版时，黄宾虹为之作序说：“马君企周，画宗南北，艺擅文词，众善兼赅，各各精妙……”康有为、但懋辛、石仙和张大千也题词赞赏，国内外画坛也非常重视，誉为《芥子园画谱》之后的又一杰作。

马骀出身贫苦，个性耿直，对军伐暴政深恶痛绝。他曾在他主编的《神州画报》上发表漫画《骡子图》、《胡儿牧猪图》，揭露当政者的罪恶，因此触怒当局，遭到迫害。还有，抗日战争开始以后，他怀着一颗报国之心，积极投身到抗日救亡运动中。他曾到战地写生，并把他创作的《临敌不惧，勇冠三军》的画捐献义卖，支援前线。他还把上海报刊上发表的抗日漫画剪辑成册，寄给远在家乡教书的女儿，让她对学生进行抗日救国的教育。

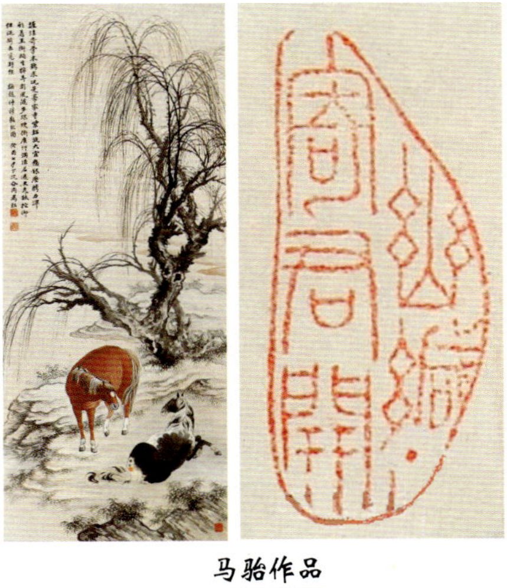

马骀作品

在谈到回族的书法艺术时，我们首先要说明：回族的书法，既有汉文书法，又有阿文书法。这两者比起来，阿文书法更有民族特点，也更能满足回族人民宗教生活的需要，因此更受到人们的欢迎。在这里，我们只谈回族人民的汉文书法；至于阿文书法，则放在后边专论。

元代落籍到华夏大地上的回族先民，虽然时间不长，但却在文化、科技、教育、艺术等诸多方面都取得了惊人的成绩。当然，作为其中的书法艺术领域，也出现了一些书法家，产生了一些书法作品。

赡思（1277—1351），字得之，其先大食国人。他是元代的一位博学能文的政治家，还是一位“九流三教无所不通”①的学者，除经学、《易》学外，“至于天文、地理、钟律、算数、水利，旁及外国之书，皆究极之”，著述丰富。可惜的是，他的许多著作都失传了，只有《河防通议》流传下来。

这位著名学者，他同时还是一位书法家，有《哈珊神道碑》流传于世。对于这件书坛精品，史家陈垣先生称赞道：“体势波磔，用力极深”，评价很高。

元代，回回人在所有的学问艺术里，取得成就的，做出贡献的，往往不是一个两人个，而是一个群体。书法也是这样。陶宗仪在《书史会要》一书里，就列举了许多有名的书法家：萨都剌“善楷书”，庆童“善大字”，马九皋“能篆书”，弟九霄“亦能之”，康里不花“书宗二王”，金元素“书宗巙巙”，荣僧“楷书师虞永芝”，泰不华“篆书师徐铉、张有”……可谓繁星满天，熠熠生辉。

明代，特别是胡登洲创办经堂教育以后，回族在各个方面都有了进一步的发展，汉文书法亦然。由明而清，由清而民国，大江南北，代不乏人。其中的笪重光，能书擅画，还有理论，影响更大。

笪重光（1623—1692），玥末清初书画家。字在莘，号江上外史，自称郁冈扫叶道人。康熙进士，官至御史。他的画“气势横逸，情趣高雅”；他的书法“师法苏轼，笔意超逸”。传世作品有：顺治十七年（1660）的《松溪清话图》、康熙十一年（1672）的《仿元人山水》轴、康熙二十五年（1686）的《柳阴钓船图》。他不但在绘画、书法上有很深的造诣，还著有专论绘画的书《画签》、专论书法的书《书筏》。其《书筏》一书，以简洁的笔法阐明了书法艺术的创作规律：

① 陈垣：《元西域人华化考》。

将欲顺之，必故逆之；将欲落之，必故起之；将欲转之，必故折之；将欲掣之，必故顿之；将欲伸之，必故屈之；将欲拔之，必故擫之；将欲束之，必故拓之；将欲行之，必故停之。书亦逆数焉。

笪重光的这部专著，在很多方面都是超迈前人的，并且把书法美学提到哲学高度去认识，堪称是一部优秀的书法名著。

笪重光作品

作为一位著名的回族书法家，笪重光与姜溟（宸英）、汪退谷（大鋐 ）、何义门（焯）齐名，并称“四大家”。

纵观回族的书画史就会发现，很多回族艺术家都是全才，甚至是通才。他们在各个方面都取得了很大的成绩。改琦因此有“三绝”之称，马世俊因此有“二右”之誉。云南清代学者马汝为的行楷大字“金马”、“碧鸡”刻到昆明城外的关口上，云南清代战将马维琪的遗墨《隆中对》刻在成都武侯祠的碑石上。四川民国时期画家马骀曾教张大千国画，安徽晚清画家郑珊曾收黄宾虹为徒。

历朝历代的回族书画家，不仅从宏观上看产生过深远的影响，就是从微观上看也为人们留下了太多的思想的空间。明代南京女画家马守贞（1548—1604）不仅写诗有名，绘画也有名，特别是善画兰竹；书法更有名，更有特色，如弱柳游丝，婀娜妩媚。这在男尊女卑的社会里，在主流文化占统治的社会里，回族女儿家能在画坛占有一席之地，的确是很少见的。还有明代太原画家杨檀，他在临摹古人山水花鸟的同时，还绘制了《天堂图》（即“克尔白图”）。这可以说是作者民族意识的觉醒，具有深刻的思想意义。

在梳理回族的艺术贡献时，我们发现：对回族的戏剧、音乐、体育、阿文书法的研究还是比较充分的。而对于回族绘画、汉文书法的研究，还大有拓展的空间！

阿文书法

阿文书法是以《古兰经》和“圣训”为基础的阿拉伯文书法。因此，它总是和伊斯兰教精神联系在一起，具体到一个人、一件作品，它所反映出来的这种精神，只是多少而已，浓淡而已。

伊斯兰教传播初期，先知穆罕默德便特别强调誊抄《古兰经》的重要意义，鼓励穆斯林朗读和书写阿拉伯文。当时，阿拉伯半岛的汉志、叙利亚、也门、伊拉克、埃及等地，都有专职誊抄《古兰经》的人，这被公认为是一件重要工作。据说哈里发奥斯曼时，曾用库法体誊抄六部《古兰经》，作为真本馈赠给一些部族首领。哈里发阿里甚至说：“一手好字将使真理更加熠熠生辉。”所有这些，都促使阿拉伯书法更快地成熟起来，“言为心之声、书为心之形”，成为伊斯兰艺术宝库中的重要组成部分。

阿拉伯文书法在经历了15个世纪的传播、发展以后，逐步形成了种类繁多、用途广泛的书体：苏鲁斯体、纳斯赫体、库法体、波斯体、迪瓦尼体、加利迪瓦尼体、卢格阿体、马格里布体等。

伊斯兰教传入中国以后，由于伊斯兰教经典数量有限，于是抄写经书便成了回族先民和回族穆斯林宗教生活的重要内容，成了满拉们的必修功课。回族早期的阿拉伯文书法，基本保持了阿拉伯本土书法的原貌，笔画简洁，结构清楚，但也有一些人受波斯体影响，产生了变体现象，出现了所谓的“洋体”。随着回族文化不断发展，阿訇、满拉、阿林等阿拉伯文书法家，一方面继承这些书体的精髓和内涵，一方面又把中国汉字书法的某些特点注入其中，创造了用毛笔书写的“水笔体”和用扁笔书写的“改兰体”[①]，并逐渐形成具有中国风格的书写体“中国体”。

可以肯定，在这漫长的岁月里，肯定出现过许多阿拉伯文书法精品。但是因为年代久远，保存不善，很多价值连城的艺术珍品都流失了，只有很少的一小部分流传下来。

① 纳文汇、马兴东：《回族文化史》，云南民族出版社，2000年3月第1版。

元代延祐5年(1318)，即伊斯兰教历718年6月，穆罕默德·伊本·艾哈麦德·伊本·阿布都拉合曼抄写了一部《古兰经》，这本经现存北京东四清真寺，到现在已有700年的历史。

清代同治年间，由云南阿文书法家田家培书写的木刻版《古兰经》，“笔划刚劲有力，有如一气呵成，具有中国书法及阿拉伯文传统书法的特色”①。当时印刷的这套《古兰经》除供全国各地以外，还由马帮驮运到泰国、缅甸等地。木刻版现存云南昆明南城清真寺。

清代，无名氏用微型阿拉伯文抄写的《古兰经》长卷，长4.5米，宽9厘米，内径宽7厘米。它把经书和书法结合在一起，具有较高的文化价值。这幅长卷现收藏在花寺门宦创始人马来迟的第八世孙家中。

清代末年，以书写经文闻名于世的花巴巴，不仅经文写得多，质量也好。据《震宗报》第五卷第二期载文说，收藏者刘仲泉先生将花巴巴抄写的一部《古兰经》请马松亭阿訇转送给埃及国王福德一世。福德一世非常喜爱。在他逝世以后，新王法鲁克将这部《古兰经》珍藏到福德皇陵的正殿里。

这种抄经的习惯一代一代地传下来，逐渐形成了回族精神上的一种传统。

1986年，西安舍俊有、马建华书写了一部阿文、中文的《古兰经》，木版雕刻，镶嵌在化觉巷清真寺大殿的墙壁上。

1997年，兰州马千云用2000克黄金书写了一部王静斋阿訇翻译的《古兰经译解》—《马千云金书汉译“古兰经”》，收藏在甘肃云林艺术有限责任公司。

① 《云南回族史》第五章第五节“文化教育逐渐复苏”，云南民族出版社，1989年第1版，第206页。

2006年，中国伊协会长陈广元阿訇书写了一部《古兰经》，石刻，收藏在北京东四清真寺。

阿拉伯文书法在穆斯林的宗教生活和世俗生活中具有非常重要的意义，所以，从回族先民来到中国的那一天起，阿文书法便发挥了重要作用，经书、匾额、中堂、条屏、楹联、碑文等，在各个朝代、各个地方都留下了深深的印记。可是，由于抄经的阿林们追求的只是暗美的功修，暗美的净施，所以他们的事绩人们知道得很少，只能有一个个名字在坊民中间流传。

元代：艾哈麦德（华北）；

清代：花巴巴(河北)、万景和（天津）、马文学（北京）、曹万兴（天津）、答秀升（湖北）等；

民国：马福玖（湖南）、田家培（云南）、刘景星（天津）、曹金藻（天津）等；

现代：王喜思（甘肃）、马长清（河南）、赵铭周(辽宁)、马延增(吉林)、米泽波(云南)、沙金瑛（河北）、李超英（山东）、马石头（甘肃）、米广江(河南)、马云亭(陕西)等。

现在，随着各种传媒的不断出现，阿拉伯文书法家的事迹，特别是现代阿拉伯文书法家的事绩，总算可以清晰地公诸于世了。

陈进惠（1938— ），祖藉河北大厂，出生于辽宁省丹东市。1960年毕业于中国伊斯兰教经学院。毕业以后，长期在中国伊斯兰教协会工作，曾任《中国穆斯林》杂志编辑，中国伊协研究部副主任，中国伊斯兰教经学院图书馆馆长等职。

由于受伊斯兰文化氛围的熏陶，陈进惠早在学生时代就与阿拉伯文书法结下了不解之缘。在以后的几十年里，他“认真学习，恪守规范，师古创新，外为中用”，终于成为一个墨香四溢的阿拉伯文书法家，在社会上产生广泛的影响。北京外国语大学阿拉伯语系教授、著名伊斯兰史学家纳忠先生在其专著《阿拉伯通史》(下卷，第354页)一书中，称赞陈进惠“是我国当代阿拉伯书法艺术名家”，并为其书法作品题辞：“师古创新　自成一家

中阿合璧　再现辉煌”，全国政协委员、中国伊协顾问马贤先生也题辞说：“融中阿书法风韵　展吾教文化风彩”，著名穆斯林学者李华英先生在《陈进惠阿拉伯文书法选·序》里也说：陈进惠先生“博采众长，他不仅注重中国传统阿文书法的研习，而且认真从原汁原味的阿文书法中汲取营养”。又说，他“对阿文书法的执着追求和为之所付出的巨大努力使之在这个领域成为承前启后、继往开来者之一”。

陈进惠阿拉伯文书法作品

陈进惠多次参加国内外大型书法比赛和展览，曾荣获巴基斯坦第二届、第三届国际书法艺术比赛一等奖，向全世界展示了具有中国风格和特色的阿拉伯书法艺术，享誉海外。

陈进惠著作有：《陈进惠阿拉伯文书法选》、《阿拉伯文书法艺术简明教程》、《公农伊百年日历千年岁首对照表》等。

李文彩（1935—　），河北省清苑县人，1958年毕业于中国伊斯兰教经学院。曾在北京市民政局、北京市民族事务委员会、中国伊斯兰教协会工作，任《中国穆斯林》编辑部副主任。

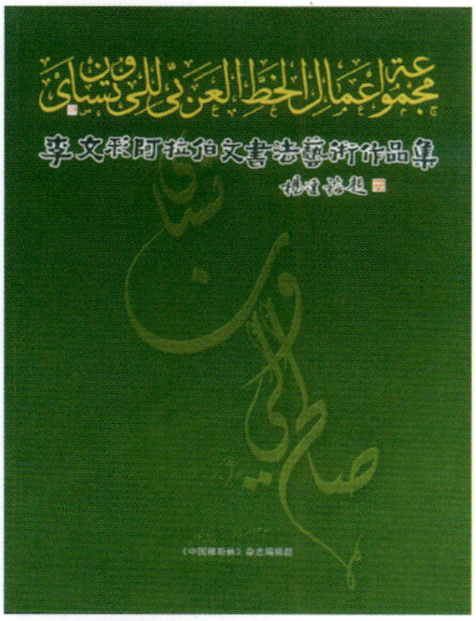

李文彩阿拉伯文书法艺术作品集

李文彩阿拉伯文书法作品

在学习和工作环境的熏陶下，他勤奋钻研、刻苦学习阿文书法艺术。他的阿文书法精湛细腻，文笔流畅，深受广大穆斯林群众的喜爱和欢迎，并被马来西亚、巴基斯坦、阿联酋、伊朗、伊拉克、埃及、土耳其、新加坡、印度尼西亚、英、法、荷兰、日本等国收藏。1997年、2003年应邀参加伊朗举办的伊斯兰世界国际书法艺术节，1999年、2000年、2004年应邀参加巴基斯坦举办的国际书法艺术展览，均获奖，接受了巴基斯坦总统穆罕默德·拉菲克·塔拉尔亲自颁发的获奖证书。他的作品三次被收入展览会出版的作品集中。

在长期的传播、演变过程中，阿拉伯文书法在中国重放了异彩，形成了北方、南方和西北三大流派①。安士伟认为，北派曲直分明，粗壮遒劲，布局匀称饱满，结构雅观气派；南派笔锋优柔，书体华丽，丰满清香，出神入化；西北派造型美,花样多，用笔圆润，制字考究，将书法和艺术紧密地结合在一起，令人赏心悦目。

但是，不管是哪一派，不管是哪一个朝代的那一位书法家，他们都以自己精湛的技艺，独特的风格，为广大穆斯林的现实生活，为阿拉伯文书法的传播和发展做出了重要贡献。

体　育

回族从其先民的时候起就非常喜欢体育运动，有些项目，如马球还带到中国。这种运动，平时健身，战时打仗，很有用处。

马球又叫波罗球，是唐太宗时从波斯传进来的一种马上军事体育运动。从《东京梦华录》、《析津志》、《宋史·礼志》、《金史·礼志》等一些古籍的记载里，以及从乾陵章怀太子墓出土的壁画《马球图》里可以看出，这种运动当时非常普及，不仅帝王将相、达官贵人、侨居在这里的外国人喜欢，就是一般平民百姓也非常喜欢。所以不仅当时长安城内的一些宫城建有球场，一些贵族、官员的官府也建有球场。

如此看来，只要是好的运动项目，只要是对身体有好处的运动项目，那是没有国界的。

① 见《陈进惠阿拉伯文书法选·序》，中国民族摄影艺术出版社，2002年8月第1版，第1页。

在我们谈到回族武术的时候，一定要和他们的生活联系起来，只有这样才能看得深透，看到点子上。

公元12世纪初，大批中亚、西亚的穆斯林被蒙古人俘虏东征，有些军人还被编入“回回军”、“探马赤军”、“西域亲军”，参加到统一中国的战斗中。在那个艰苦的、万里长征的旅途上，在那个疾风暴雪的环境里，在那个你死我活的厮杀中，没有强壮的身体肯定是不行的，不苦练工夫肯定是不行的。

这以后，为了医治战争创伤，也为了防止色目人流散，元世祖在至元十年(1273)颁发了“随地入社，与编民等”的政令，在东南的洪泽，在西北的河西，在东北的肇州，在西南的云南，建立了120多个屯田区。在这些地方的回回人，为了守住自己的教门，为了自身的安全，理所当然地要练工夫，强建体魄，加强自卫。

回族形成以后，虽然他们也认为自己是中国人，但是当时的统治者却另眼相看，甚至认为他们只是“回”，和动物没有什么两样。在这种情况下，回回人肯定要提高警惕，练练手脚，以防意外。

做为“健身防身”的一种手段，做为“扶危救困”的一种美德，做为尚武的一种传统，回回武术就这样在回族人民中间不断地发展起来。到现在，回族武术昆仑派已经和流行广泛的佛家功少林派、道家功武当派、西南地区的峨嵋派，并称为中国的四大技击流派，在祖国的肥田沃土上发挥着巨大作用。

查拳

在漫长的时间里，在回族武术上，无论是拳术还是器械，每一个朝代的每一个武术家，都能吸取中华武术的精华，吸取各兄弟民族武术的精华，然后再加上自己的创造，从而形成了独树一帜的武术流派。

查拳[①] 查拳是回族穆斯林代表性拳种，又叫“回回拳”、“教门拳”。至于查拳的来源，众说纷纭，莫衷一是。传说：清朝中叶，西域穆斯林查密尔应诏东征，参加戚继光的部队抵抗倭寇。可是，就在他途经山东冠县张尹庄时却染上伤寒，被一回族人家收留。查密尔病好

① 本书有关部分所用材料，分别参阅冯今源的《三元集 · 中华武术的一颗明珠——回族武术》、王振堂的《中华民族传统体育志 · 弹腿、通备拳、八极拳、心意六合拳》、白寿彝的《回族人物志 · 王正谊、王子平》。

以后，为了表示感谢，把自己的一套拳法传授给了这户人家，这就是有名的查拳。

查拳招法飘逸，姿势舒展，发力顺达，节奏鲜明。再加上节奏性强，适合实战，所以深受广大人民群众的欢迎。到20世纪20年代，在上海、南京、通许、开封、北京、沈阳等地的影响不断扩大，并且出现了许多武林高手，名扬天下。

八极拳　八极拳的创始人是河北孟村人吴钟。

吴钟（1712—1802），字弘声。小时候即开始学习武术，昼夜练习，寒暑无间，终于成为北方八门拳第一代传人。他和当时的武林名流李章、康大力并称为“武林三杰”。

吴钟的八极拳动作简洁，劲力充实，“动若绷弓，发若炸雷，势动神随，疾如闪电。跳跃冲窜以势险夺人，贴身进击以节短取胜。”非常实用。

除八极拳外，吴钟还以大枪闻名于世。据说，雍正十三年(1735)他只身南下晋江，以一杆大枪三进三出少林寺，因而折服长老，震惊寺僧；寺院特意送给他一面锦标，上题“吴钟大枪世无双”七个大字。吴钟的名字传到北京以后，康熙皇帝马上诏他进京。比赛开始以后，吴钟两次在十四子爱新觉罗·允禵的眉尖上点白，而允禵却毫无察觉。从此，“神枪吴忠”的大名便在京师广为流传。

吴钟晚年回到家乡，设场授徒。本来，八极拳是吴氏家拳，只教本家，概不外传。后来，吴钟冲破了这种门户之见，开门教学，回汉皆收，从而使八极拳有了更大的发展，仅吴钟教出来的有成就的传人就有140多人。

心意六合拳　心意，即“心意诚于中，肢体行于外”之谓也。六合，即“心与意和、意与气和、气与力合”的内三合和“手与足合、肘与膝合、肩与胯合”的外三合之谓也。

据传，心意六合拳是宋代岳飞所创。在前前后后几百年的时间里，心意六合拳久经磨练，日臻成熟，出现了姬隆丰、马学礼、张聚学、买壮图、马振泰、穆子杰等名家高手，影响巨大。特别是“心意大侠”买壮图，他把28个拳式精简到4个拳式，从而更加充分地发挥了心意六合拳以短见长、以少胜多的优势，为心意六合拳的继承和发展做出了重要贡献。

通备拳　该拳源于河北沧州。民国初年，武术大师马凤图在总结、改进劈挂、八极等拳法的基础上，创立马氏通备拳体系。这个体系，把长拳和短打融为一体，形成了“气势雄峻，身法矫健，劲力通透，打手洗练”的通备拳风格。

马凤图在宣统元年(1909)加入同盟会，从事反清活动。宣统二年(1910)与叶云表一起创建“中华武术会”，提倡中华武术，振兴民族精神。后来，马凤图与二弟马英图远走东北，与“关东三侠”郝鸣九、程东阁、胡奉三建立了具有深远意义的“换艺”关系。1926年马凤图随冯玉祥部进入大西北，任该部武术教练和甘肃省图书馆董事长，并在张掖国术馆、兰州华斌体育学社教授劈挂拳、八极拳、翻子拳等。

马凤图一生以德为本，文武并重，为后人留下了宝贵的精神财富。

当然，由于中国地域辽阔，情况有别，生活在各地的穆斯林也会根据各地的情况，编创一些适合他们自己的拳术、剑术、器械等武术项目。这些项目，因为对锻炼身体有好处，有些便很自然地流传到全国各地，甚至流传到国外。

在2009年12月在新加坡举办的“中国-新加坡2009宗教文化展”上，杨氏教门拳的掌门人杨文玺等表演了杨氏教门拳，受到与会者一致好评。

杨氏教门拳的创立者杨士鹏出身武术世家，祖辈习武掌教。他在家传武艺的基础上，以伊斯兰文化为指导，以浓烈的回族风貌为灵魂，博取各家精招，荟萃数派绝技，融武术、气功、医疗、养生为一家，创立了精微奥妙的杨氏教门拳。

杨氏教门拳的总诀说：“教门真功至圣传，历代先祖勤精研，五功五典为宗旨，无穷奥妙在其中。”

杨氏教门拳讲究内功与外功，通过内功的修练促成武功飞跃，通过武功的修炼提高内功的修为；内外兼修，相辅相成，具有上下古今之至理，天地万物之魅力。

在源远流长的武术行当里，回族人民不仅创立了许多著名的武术流派，还产生了许多著名的武林高手。“大刀王五”王正谊、“神力千斤王”王子平等回族豪杰，用自己的聪明、智慧和心血，丰富和发展了中华武术的宝库。

王正谊　河北沧州人，著名的京师大侠。他出身武术世家，幼年即发奋学艺，曾向双刀李凤岗学习武功，得其刀术绝技，人称“大刀王五”。他为人慷慨，对腐朽的清王朝极为痛恨，常在河北、河南、陕西、甘肃一带活动，劫官济贫，申张正义。他关心时局，他支持康有为、梁启超的维新变法运动，在戊戌变法谭嗣同被杀以后，他冒险收尸，送到湖南浏阳安葬。公元1900年，他率领属下镖客和义和团战士抗击八国联军，在北京前门东河沿英勇就义。

王子平(1881—1973)，现代著名的爱国武术家。河北沧州人。他出身于武术世家，从小即刻苦学习摔跤、擒拿、拿大顶、翻杠子、举石担、梅花桩，十六七岁时对各种拳术和兵器已经非常娴熟。1900年，义和团运动失败，王子平因涉嫌“拳匪”不得不避难于济南、青岛、北京、上海等地。在此期间，他曾多次参加打擂比武，打败来华的外国拳师。1918年，在北京万国比武大会上，王子平打败了号称“环球大力士”、“世界唯一大力士”的沙俄拳师康泰尔；1919年，在济南打败了日本柔道大师宫本、美国拳师阿拉曼。

1921年，美国拳师沙利文在上海万国竞武场摆下擂台，并扬言说，有谁能打他一拳赏五百元，打倒他的赏一千元。可是，比赛还未开始，一个彪形大汉便向王子平伸出冷拳，亏得王子平躲闪及时没有伤着。接着，那人又打来第二拳。王子平忍无可忍，飞起一脚将那人踢倒在地上，还瞪了那人一眼说：“这一脚给中华民族扬威!”又上去补了一拳，说：“这一拳教训你们这种混账洋人，不许再欺侮中国人!”从此，这群洋人再也不敢如此嚣张。

王子平

就是在这种全民族热爱武术事业的基础上，随着时代的脚步，回族的体育事业不断发展起来。特别是中华人民共和国成立以后，许多回族儿女，在国内、到国外参加各种形式的体育比赛，并且取得了优异的成绩，为民族争了光，为祖国赢得了荣誉。

附录：

回族运动员参加全国比赛获奖一览表①

（1949年—1990年）

姓名	时间	运动会名称	项目	成绩	名次
马贤达	1953年	天津·全国民族形式体育表演及竞赛大会	短兵		冠军
赵长军	1978年	全国武术比赛	棍术、地躺拳		冠军
	1980-1987	全国武术比赛	全能		七次冠军
王新武	1975年	第三届全国运动会	太极拳		冠军
王菊蓉		第七届全国运动会	女子组武术		冠军
韩明男	1959年	第一届全国运动会	武术·枪术		冠军
穆祥俊	1954年	全国游泳比赛	4×200米自由泳接力赛	10分42秒1	打破全国纪录
穆拜英	1952年	全国游泳比赛	仰泳		第一名
	1952年	全国游泳比赛	混合接力赛		第一名
穆拜杰	1959年	第一届全国运动会	200米仰泳		冠军
穆秀兰	1951年	全国第一届水上运动会	4×500米接力赛		冠军
穆秀珍	1953年	哈尔滨·全国水上运动会	4×500米接力赛		第一名
李忠惠	1954年	广州·全国游泳比赛	100米蝶泳		打破全国纪录
穆瑞龙	1960年	全国一级、健将级游泳比赛	200米游泳		第一名
张弘	1983年	南宁·全国游泳冠军赛	200米蛙泳		第一名
张家瑞	1955年	全国游泳比赛	100米自由泳		第一名
丁占福	1979年7月	第四届全国运动会	180公里自行车赛		第一名
	1982年	全国公路自行车锦标赛	180公里自行车赛		第一名
麻征	1988年	全国体操锦标赛	跳马		冠军
	1990年	全国体操锦标赛	跳马		冠军
康小伟	1985年10月	洛阳·第一届全国青年运动会	古典式摔跤	87公斤	第一名
	1987年	第六届全国运动会	古典式摔跤	130公斤	第一名
	1990年	全国摔跤比赛	古典式摔跤	90公斤	第一名
李树泉	1978年	全国摔跤锦标赛	古典式摔跤	52公斤	冠军
	1979年	全国摔跤锦标赛	古典式摔跤	57公斤	冠军
马清宗	1953年	全国民族形式体育表演及竞赛大会	中量级摔跤		冠军
	1956年	全国摔跤比赛	中量级		冠军
	1958年	全国国际自由式、古典式摔跤比赛	自由式·中量级		冠军
李斌	1975年	第三届全国运动会	中国式摔跤	70公斤	冠军
翁钦华	1964年5月	上海·全国举重比赛	抓举	133.5公斤	第一名
	1964年8月	广西·第二届运动会	抓举	134公斤	破次重量级全国纪录
	1965年	第二届全国运动会	抓举	138公斤	破重量级全国纪录
	1965年	第二届全国运动会	抓举	140公斤	破重量级全国纪录
韩有禄	1961年	全国射箭锦标赛	全能		冠军
	1962年	全国射箭锦标赛	全能		冠军
杨喆林	1981年	全国跳伞锦标赛	集体定点		冠军
	1981年	全国跳伞锦标赛	全能		冠军

① 根据丁雪梅《活跃在新中国体坛上的体育健儿》编制。

	1982年	全国跳伞锦标赛	全能、特技		冠军
	1983年	全国跳伞锦标赛	全能、特技		冠军
	1984年	全国跳伞锦标赛	特技		冠军
买玉祥	1981年	福州·全国射击分项赛	40发跪射	388环	第一名

回族运动员参加亚洲、世界比赛获奖一览表①

（1949年—2003年）

姓名	时间	运动会名称	项目	成绩	名次
穆祥雄	1958年12月	北京优秀运动员冬季游泳赛	100米蛙泳	1分11秒4	打破世界纪录
穆祥雄	1959年8月30日		100米蛙泳	1分11秒3	打破世界纪录
穆祥雄	1959年9月	北京·第一届全国运动会	100米蛙泳	1分11秒1	打破世界纪录
马燕红	1978年	上海·国际体操邀请赛	高低杠		冠军
马燕红	1979年	美国·第20届世界体操锦标赛	高低杠		冠军
马燕红	1981年	第21届世界体操锦标赛	高低杠		第二名
赵长军	1985年	第一届国际武术比赛	全能		冠军
	1986年	第二届国际武术比赛	全能		冠军
	1987年	日本·第一届亚洲武术锦标赛	全能		冠军
杨岳山	1986年	第十届亚运会	鞍马、单杠		冠军
李顺柱	1980年	亚洲锦标赛	抓举、挺举、总成绩		冠军
李宁生	1981年	香港·国际自行车邀请赛	124公里		团体第二名
陈月芳	1980年9月	香港·第八届亚洲女子篮球锦标赛	（中国队主力队员）		第二名
	1982年4月	东京·第九届亚洲女子篮球锦标赛	（中国队主力队员）		第二名
	1983年	印度·第九届亚运会	（中国队主力队员）		冠军
	1984年	第二十三届奥运会	（中国队主力队员）		第三名
李惠芬	1980年	埃及·国际少年乒乓球比赛	女子单打、双打、混合双打、团体		冠军
	1985年6月	美国·乒乓球公开赛	女子单打、双打、团体		冠军
	1985年6月	美国·乒乓球公开赛	女子混合双打		冠军
	1986年	第八届亚洲乒乓球比赛	女子团体	中国队主力队员	冠军
韩有禄	1962年	雅加达·新兴力量运动会	射箭：双轮	90米	亚军
杨喆林	1984年	意大利·第二届世界杯冠军赛	跳伞·特技		冠军
张麦兰	1965年	济南·第二届全运会	日间1500米三人定点跳伞		打破世界纪录
	1965年	济南·第二届全运会	日间1000米六人定点跳伞		打破世界纪录

① 根据丁雪梅《活跃在新中国体坛上的体育健儿》编制。

第八章 回族的科学技术

回族先民带着高度发达的阿拉伯—伊斯兰文明来到中国，他们不仅带来宝石、香料、珍珠、药材，也带来许多先进的科学技术。其中，伊斯兰天文学，还有伊斯兰医学，建筑学，影响最大。

回族的科学技术

回族先民带着高度发达的阿拉伯—伊斯兰文明来到中国，他们不仅带来宝石、香料、珍珠、药材，也带来许多先进的科学技术。其中，伊斯兰天文学，还有伊斯兰医学，建筑学，影响最大。

天　文

在探讨回族在天文历算上的贡献时，我们一定要记住回族先民——那些先驱者的脚步。

唐代，当长安的城门渐渐打开的时候，一队风尘仆仆的驼队缓缓走来。他们是从阿拉伯过来的，他们为东土大唐送来了《九执历》。据说，这是“回回星学”之始，所以显得特别金贵，护送的人也显得特别小心，说什么都不能出事。

宋代，开始沿用的王朴修撰的《钦天历》“推验稍疏”，所以宋太祖便诏司天监王处讷重新修历。王处讷的主要合作者，是西域回回学者马依泽。

据《怀宁马氏宗谱》、《青县马氏门谱》及有关记载，马依泽(921–1005)，字渔叟，西域鲁穆人。宋太祖建隆2年(961)五月来到中国汴京。他擅长天文历法和伊斯兰教义，受到宋太祖赏识，留在身边担任顾问。在此期间，他曾参与编修新历的工作，第一次把伊斯兰的星期制度引进到中国历法的计算里，为中国和阿拉伯历日之间的换算奠定了基础。新历于建隆四年修成，由太祖亲自制序，并赐名《应天历》。马依泽工作出色，“推步精细”，曾蒙皇帝“手敕褒美”，授职司天监监正，并封为侯爵。晚年，筑居陕西西安府泾阳县永安镇。①

① 关于马依泽的家世，本人曾到泾阳调查。据当地人讲，当地只有永乐镇，没有永安镇。

马依泽家为关中望族，在永安镇居住十几代以后，迁居金陵。此后，子孙繁衍，遍布全国各地及美国、日本、新加坡、比利时等地。

历史走进元代。如果说，在这个时期，回回人在科学技术上有过一段辉煌，那么，扎马剌丁的贡献应该是无人可比的。

扎马剌丁是不花剌人。他在元世祖即位前就受到他的任用，而在他即位以后，他又发挥特长，做了许多重要工作。

至元四年(1267)，进献了七种“西域仪象”：

咱秃·哈剌吉，Dhatu halag，(浑天仪)。

咱秃·朔八台Dhatu Samct，(方位仪)。

鲁哈麻·亦·渺凹只Luhma-i-mu’wajj，(斜纬仪)。

鲁哈麻·亦·木思塔余Luhma-i-mustayi，(平纬仪)。

苦来亦撒麻Kura-i-sema，(天球仪)。

苦来·亦·阿儿子kura-i-ard，(地球仪)。

兀速都儿剌不定usturlab。(观象仪)。

至元四年(1267)，进献《万年历》。

元代初年，承用宋金旧历《大明历》。因为该历与天象多有不合，于是停用。恰在这时，札马剌丁进献了依回回历法编制的《万年历》。这个历法，从至元四年开始“稍颁行之”，一直到至元18年《授时历》颁行全国，前前后后用了十四五年。这以后，间接采用或作制定参考长达400年之久。中华民国1912年推行公历以后，中国的10个信仰伊斯兰教的少数民族在斋戒、朝觐、计算宗教节日时仍然沿用。由此可见，其地位之崇高，影响之深远。

至元二十二年(1285)，纂修《大一统志》。

札马剌丁进献《万年历》和7种“西域仪象”以后，更加受到皇上重用。这时，他考虑到“方今尺地一民，尽入版籍。宜为书以为一统”。于是给皇上上书，请求编纂《至元一统志》。可能，当时他的汉语学得还不怎么好，所以给皇上的上书写得也不怎么流利。

“在先汉儿田地些小有来，那地里的文字册子四五十册有来。如今日头出来处，日头没处，都是咱每的，有的图子有也者。那远的他每怎生般理会的？回回图子我根底有，都总做一个图子呵。”

元世祖见到扎马剌丁的奏折，觉得他说得很有道理，于是便采纳了他的意见，让他和虞应龙等负责干起来。

就这样，他们参阅了兵部搜集的材料，还有虞应龙纂修的《统周书》，从至元二十三年(1286)开始，到大德四年(1300)成书，共有483册，计755卷。后来，由于又得到云南、辽阳等地的一些材料，便又对这本书进行增补。又用了3年时间最后完成，其名称也由原来的《至元一统志》改为《大一统志》。

就象《回族人物志·扎马剌丁》上讲的：“《大一统志》的卷帙之富，是以前的地志所没有的，它的这些特点也是以前的地志所没有的，它以‘一统志’命名也是所没有的。扎马剌丁在中国地志史上也应该是很有地位的人物。”

明代，在开国之君朱元璋看来，西域的天文学“至为精密”，所以他非常重视这方面的工作，他刚登基便征用元代司天监的回回天文学家参加工作，希望他们翻译回回天文书。这些回回天文学家没有辜负皇上的厚望，很快，马哈麻译出了《天文书》，马沙亦黑编译完成了《回回历法》。

在回回先民初来乍到的元朝，在回族刚刚形成的明朝，回回天文学曾被朝廷认可，对中国产生重大影响。

可是，就在这时，就在回族人民需要时间继续前进的时候，西方天文学传到了中国，清朝政府在康熙八年(1669)废除了回回历。

虽然，回回历再也不能在社会上通行，但是那些有识之士，回族的也好，其他民族的也好，他们对回回天文学的研究却从未停止。清代李锐的《回回术元考》、顾观光的《回回历解》、洪钧的《天方教历考》、民国马自诚的《历源真本》、陈垣的《中西回史日历》、马以愚的《回回历》，现代马坚的《回历纲要》、陈进惠的《公农伊百年日历千年岁首对照表》等，都很有代表性。

还有民间渠道，这也是非常重要的，并且是必不可少的。西安化觉巷清真寺雍正十年树立的月碑，马德新的《环宇述要》、《天方历源》、虎嵩山的《新月问题研究》、丁子瑜的《寻月指南》、黄明之的《伊斯兰历源详解》、马良骏的《伊斯兰教历法》等都密切联系伊斯兰教的信仰，能准确地推算出封斋、开斋、朝觐等一些重大宗教生活的日期，这极大地满足了伊斯兰教民宗教生活的需要。

医　学

于文忠先生说："回回医药在中国的发展史实是：创兴于唐，发展于宋，鼎盛于元，衰落于明清。"

陈垣先生也说："回回入中国者，多以卖药为业，其俗至今尚存。"

唐代时，腰缠万贯的回族先民除了经营宝石、犀角、象牙等，还经营葫芦巴、押不卢、乳香等珍贵药材。除此以外，长安西市还有胡人开设药行的，魏都街上还有大食人"自驾一驴，日药数十斤"的，扬州还有胡人用"鲸鱼之精"治疗腹中块病的，陕西沙苑还有大食兵种植药材的。凡此种种，不一而足。

在这里，我们很有必要说一说李珣编纂的《海药本草》。

据一些史籍记载，李珣在青年时代曾广游岭南，对南方药物颇多熟悉，著有《海药本草》。在这本书里，他援引了《名医别录》、《本草经集注》、《新修本草》、《本草拾遗》等98种古代文献，对很多名药的产地、功能、主治都介绍得非常清楚，对药性的"相反"、"相恶"、"相需相使"的作用也有所阐明，有些名药甚至被明代李时珍的《本草纲目》所引用。

到了宋代，为了解决财政上的困难，当时的政府想了很多办法招诱胡商。结果，胡商不仅使进口的药品品种增加了，数量也增多了，甚至还有许多奇特的药物。在周密所撰《癸辛杂记》里，记载了一味麻醉的“神药”押卢的产地形状、采集方法、药性作用，读来很有意思：

回回国之西数千里，地产一物极毒，全似人形，如人参之状，其名押卢。生于地中，深数丈，或从伤其皮，则犷毒之气，著人即死。取之之法，先开大坑，令四旁可容人，然后轻手以皮条结络之。其皮条之前，则系于大犬之足；既而用杖打犬，犬奔逸，则此物拔起，犬感此气即毙；然后埋他土中，经岁取出暴干，引用药以制之。其性以少许磨酒饮人，即通身麻痹而死，虽刀斧加之，不知也。然三日，别以少药投之即活……此神药也。

这些，自然会对当时的医方产生深远的影响。据载，在所有的宋代方书中，几乎都可以看到由海外香药组成的医方，其中直接用香药命名的也屡见不鲜。与唐代相比，有了明显的变化。

元代，由于大批回族先民参加了成吉思汗统一中国的战争，因此得到他的信任和重视，甚至在元朝政府里，还专门设置了一些机构，使他们有了施展才能的机会。

至元七年(1270)，元朝政府设置了广惠司，“秩正三品，掌修制御用回回药物及和剂，以疗诸宿卫士及在京孤寒者”。至元二十九年(1292)，又设大都(今北京)、上都(今内蒙古正蓝旗)回回药物院，“秩从五品，掌回回药事”。至治二年(1322)，又将两院划归广惠司。[①]

可想而知，在这些医疗机构里，很多回回医官除了治病以外，还要搞一些医学研究。就是在这种环境里，他们完成了回回医学的巨著《回回药方》。

这本《回回药方》的善本现存北京图书馆。1989年在西安召开的全国“回族医药学术讨论会”时借出复印，从此便在更大的范围里开始流传。这本《回回药方》原书36卷，现存4卷，计：目录下一卷，第十二卷，第三十卷，第

① 《元史》卷八八《百官志》。

三十四卷，为明代红格钞本，不著撰人。从残本中可以想见，原书卷帙非常之多，内容非常之广，学科非常之全；它以阿拉伯医学为基础，又不同程度地渗入了中国传统医学的内容，很有自己的特点。它的出现，使回回医学发展到一个新的阶段，从而形成了自成体系的回回医学。

众所周知，唐宋时期的回回穆斯林只在京师、港口及通衢要道活动。到了元代，由于出现了“大分散，小集中”的格局，出现了“回回遍天下”的局面，回回医学因此有了前所未有的发展。杰出的回回诗人丁鹤年在四明避难时，曾“寄居僧舍，卖药以自给”。大商人鄂施曼乃的子孙还在杭州设立豪华的鄂施曼尼雅私人医院，为患者就诊。在陶宗仪《辍耕录》一书里，记载了“回回医官”和“老回回”做外科手术的故事：任子昭云：“向寓都下时，邻家儿患头疼，不可忍，有回回医官，用刀割开额上，取一小蟹，坚硬如石，尚能活动，倾焉方死，疼亦止。当求得蟹，至今藏之”。夏雪蓑云：“尝于平江阊门见过客马腹膨胀，倒地。店中偶有老回回见之，于左腿内割小块出，不知何物也。其马随即骑而去。”

明清以来，在回回医术与中医逐渐融合以后，在西医技术逐渐占了优势以后，回回医术便失去了昔日的风采，只有一些回回医家还在行医治病，只有一些祖传秘方还在坊间流传，只有一些合剂还在发挥作用。宋末以来以经营香料为业的蒲寿庚家，一直到现在，仍在泉州、永春、德化等地继续生产。明代以来以制造丸散膏丹为主的白敬宇家，在1947年获得巴拿马万国博览会金质奖章。还有北京的香儿李家、王回回膏药、马思远药锭，也都是从明朝开始沿续下来的。

这些人，虽然名不见经传、事不载史书，但是他们为弘扬回族医药传统却做出了卓越的贡献，他们在回族里也因此口碑相传，颂声载道。

在这里，我们还要提到民间医家杨明公独创的“汤瓶八珍”。

一千多年前，在回族先民到中国来的路上，发现人们捏脚按摩的部位正是中国中医学所说的末梢经络的部位。这种保健的方法，随着时间的推移，不断完善，广泛传播。这就是人们常说的末梢经络根传法。

这可不是一般的发现，明末清初的医家杨明公就是根据这些，还有中国的中医精髓，终于研究成功自成一体的“汤瓶八诊”，即“头、面、耳、手、脚、骨、脉、气”8种诊疗方法。汤瓶八诊不仅有调理身体的作用，还有调理心灵的作用。它不仅能调动人体自身的潜能，还能预防各种老年病。

作为非物质文化遗产的项目代表，汤瓶八诊在第29届北京奥运会期间参加了在奥林匹克公园举办的文化展示活动，会后还在奥体中心成立了“国奥·北京汤瓶八诊康复理疗中心”。在第41届上海世博会上，和德国一丽再生公司一起建立了上海“健康·健美·汤瓶八诊”保健基地。此外，在宁夏、河南、山东等地又相继成立了“汤瓶八诊职业培训学院”。

头诊

骨诊

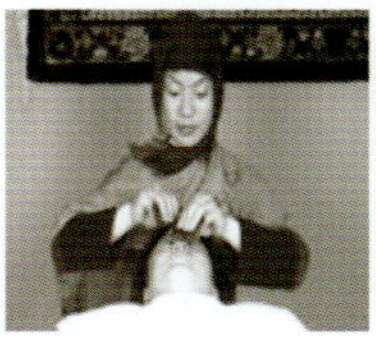
面诊

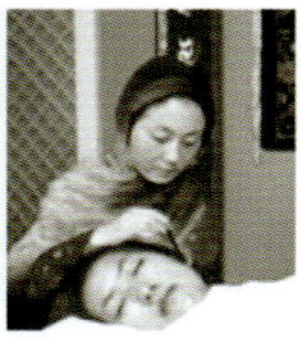
耳诊

中华人民共和国成立以后，许多回族医药学家，弘扬回族悠久的医药学传统，刻苦钻研，取得了优异的成果，出现了许多闻名遐迩的医界名家。

赵炳南(1899—1984)，中医外科名家，教授。祖籍山东德州，生于河北宛平。14岁跟丁德恩学习中医外科。18岁与诸师兄弟共同应诊。20岁考取中医士，获得开业执照。23岁在北京开设医馆，独立行医。中华人民共和国成立

以后，曾任全国中医学会副理事长，北京中医学会理事长，北京中医研究院副院长，北京中医研究所所长等。是北京市第二——五、七届人大代表，七届人大常委，及全国第四、五届人大代表。他从事临床工作67年，把回汉族医疗、治疗经验融为一体，疗效显著，善治中医皮肤、外科顽癣恶疮、瘘管等疑难病症，创立“熏药疗法”、“拔膏疗法”、“黑布药膏疗法”等三种独特疗法，摸索出“全虫方”、“麻黄方”等数十个经验方，参加编审《中西医结合外科临床手册》、《实用皮肤科学》、《简明皮肤病学》、《中医外科学》等书籍。晚年著有《赵炳南临床经验集》，获1978年全国科技大会奖。

哈荔田(1912—1989)，中医妇科专家，教授。1935年毕业于北平华北国医学院，后赴天津开业，成为津门名医。1955年起，任天津市卫生局副局长。1957年创办天津中医学校，1958年发展为天津中医学院，并任院长。是天津市第六届政协副主席，全国政协委员，中华全国中医学会副会长，妇科委员会主任委员等职。他从医60多年，倡导中西结合，以中医为主，辩症施治。著有《哈荔田妇科医案医话选》，主编有《扶正固本与临床》、《中医解难》、《中医妇科验方选》等。

安迪光(1929—)，教授，编审。1946年毕业于成达师范学校，1952年毕业于兰州大学。曾在中国中医研究院工作。他长期从事中医哲学理论与民族医学研究，主张一体多元化的中国传统医学，认为回族医学是“东西合璧”的产物。编著有《中国回回医学史稿》、《六经辩症医案选》、《经络物理研究导论》、《回回医学临证举要》、《中国回回传统医学新探》、《中国少数民族传统医药全书·回回医学》分册等，其中《六经辩证案选》获1986年国家优秀图书奖。另外，还撰写了《论中国理论研究整理之路》、《再论(周易)与(内经)哲学基础同一性》、《试解吉益东洞之疑》等论文。

当然，随着西洋医学的不断传入，有一些有志于此的回族人，或改学西医，或走上中西结合的道路，他们也都在各自的岗位上做出了自己的贡献。

金茂岳(1906—1987)，山东泰安人。1935年获齐鲁大学医学院博士学位。抗日战争开始以后，参加抗日救护队，辗转安庆、汉口、西安等地为抗日将士服务。1938年初，率领医疗队到延安，在边区医院、中央医院工作，兼延安中国医大及延安卫校的教学工作，还担任中共高层的保健医生。

1942年初，金茂岳去给毛泽东看病。当他发现毛泽东的肩膀疼痛、胳膊麻木时，赶忙查看了一下窑洞里的环境。他发现，毛泽东的桌子正对着防空洞的洞口，从防空洞里吹出来的冷风正吹着他的肩膀。金茂岳赶忙对症下药，治好了他的肩周炎。对这件事，毛泽东一直念念不忘。1942年2月1日他在中央党校发表《整顿党的作风》时，还随口提到这件事。他说："……这些作风不正，并不象冬天刮的北风那样，满天都是……这不过是一股逆风，一股歪风，是从防空洞里跑出来的，如果你们不相信，就去问一问金大夫。"因为金茂岳工作出色，毛泽东还给他题了辞："努力救人事业。"朱德总司令也给他题了词："不但医人，还要医国。"[①]

中华人民共和国成立以后，历任北京医院副院长，北京平安医院院长、宁夏回族自治区卫生厅副厅长等职。

王士雯(1933—　)，女，山东省峄县人。1955年毕业于第四军医大学。1984-1985年去

美国哈佛大学医学院和加州大学医学院深造，获心血管病理博士后证书。现为解放军总医院老年心血管病研究所所长、教授、中国工程院院士，在国际上首先提出并深入研究了老年多器官衰竭这一新的临床综合症，使其救治成功率提高了一倍以上。她在国内率先总结和推广了对老年心脏病人施行非心脏外科手术的内科保障的经验，对老年冠心病、尤其是老年心肌梗塞和心力衰竭进行了系列研究，显著降低了其合并症和死亡率。出版《老年心脏病学》、《无症状心肌缺血》等专著。撰写老年医学论文300多

① 金德崇口述：《父亲金茂岳在延安当医生》，见《红都童话——我的少年延安往事》，湖南文艺出版社，2008年4月出版。

篇，创办了《中华老年多器官疾病》和国内心脏病学第一本英文杂志《Tournal of Geriatic cardiology》。她是我国唯一的老年医学博士生培养点和博士后流动站的学术带头人。现任国家医学科技委员会副主任委员、国家老年医学专业委员会副主任委员、《中华老年多器官疾病》杂志(中、英文版)总编辑等20多项社会兼职。

建 筑

回族在建筑上的贡献，首先表现在他们参与设计、建筑了历朝历代的许多重要的建筑。有些建筑物时至今日仍然发挥着作用，造福桑梓。

元代，也黑迭儿丁设计和督建的大都，创造了中国建筑史上的奇迹，为以后北京城的建设打下了基础。关于这方面的情况，在本书第二章《回族的爱国主义》也黑迭儿丁的段落里，有过详细的论述。

明代，冯胜(1327–1395)建筑嘉峪关、扩建西安城、修建开封周王府，做了一件又一件利国利民、功载千秋的大事。

冯胜，安徽定远人。他和他的哥哥冯国用投奔朱元璋以后，南征北战、东讨西伐，为朱明王朝的建立立下了汗马功劳，被皇上封为大将军。立国以后，洪武三年封宋国公，赐诰命铁券，铁券文说：“尔胜十余年间，居京师则除肘腋之患，历征战则建爪牙之功。敌犯龙江，帅军兵而大挫群寇；副将北伐，屡克捷而平定中原。宣力内外，佐成混一。”

以后，为了加强重镇防卫，也为了让子孙后代“藩屏帝屋”，朱元璋又命冯胜负责了一系列城建工程。

他选址建设了嘉峪关。

据明代万历四年编修的《肃镇志》、清代雍正——乾隆年间编撰的《重修肃州新志》载：洪武五年，宋国公冯胜将兵略定河西，筑土城，周二百二十丈，占地十五亩。公元1993年嘉峪关关城文物管理所编的《嘉

峪关》一书里，还在冯胜像下记下他的开创之功，其文曰：“明洪武5年(1372)，冯胜率军进取甘肃，开创河西之功独多，同时选址建关，23年后，明王朝榜烈勋臣，功高望重。”

他扩建了西安明城。

明朝建立以后，朱元璋为了强化皇权，特意把他的龙子龙孙分封到全国各地，建藩为王。据历史记载，有明一代先后封了50个藩王府。有些藩王府下还设郡王府；一层一层，遍布全国各地。洪武3年4月分封其次子朱樉为秦王以后，又在同年7月下令修建王府。这时候，朱元璋又想到他的沙场名将冯胜。据明代万历刻本《国朝献征录 · 宋国公冯胜传》载：“明年(指洪武四年)，宋公胜按陕西，修城池，简士马。”又据《洪武实录》卷六十载，洪武七年正月，命“宋国公冯胜往陕西修城池”。

西安古城一角

留存至今的西安明城，就是在唐时皇城、元时奉元路城的基础上扩建的。它不仅在城墙上修了墩台、垛口、悬眼、马道，还用谯楼、箭楼、城楼构成三道防线，组成四面城门，显得更加高大、雄伟、壮观、坚固。

根据考古发掘，笔者画了一张图表，对比了一下老城和新城的规模。结果发现，明代新建的部分和老城留用的部分相比是66.07%：33.92%，差距可谓大矣!

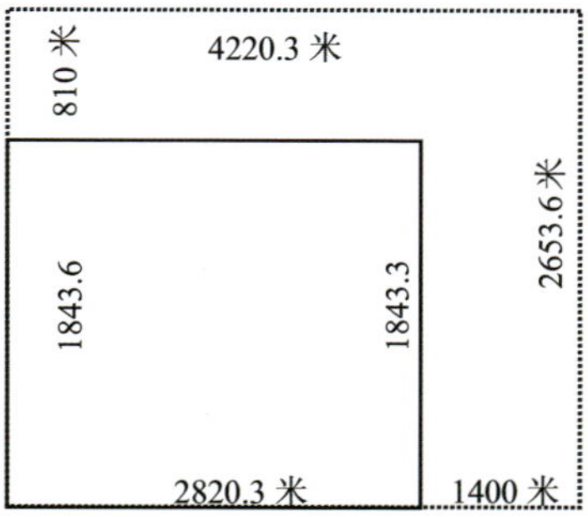

他修建了开封周王府。

周王朱橚是朱元璋的第五子，也是冯胜的女婿。

据《回族人物志》卷十九《冯胜 · 冯国用》载：洪武十年，冯胜奉命移镇河南，在开封修建周王府。这座“宫城在明末农民战争中毁于大水，清代顺治十六年改为贡院，康熙三十一年在遗址建万寿亭，后称龙亭,今为龙亭公园”。[①]

① 冯天瑜、周积明：《从殷墟到紫禁城》，武汉出版社，1989年8月第1版，第95页。

他在陕北沿边一带“缮治城池”。

据《明太祖实录》卷60《洪武四年正月戊子》载，洪武四年正月，朱元璋派冯胜往陕西沿边一带“缮治城池”。此后从沿边至纵深地区屡兴筑城之役，大者如榆林城之新创、东胜城之重筑，小者如怀远堡(今横山县城)、定边营(今定边县城)、镇靖堡(今靖边县南)等等。明代沿边诸城修筑水平远超宋代，许多宋代要塞城池明初均经扩展增高，更加坚固。(见张岂之等主编《陕西通史》卷七)

历史上，冯胜是一员武将。当朝的皇上是这么看的，纂修《明史》的张廷玉也是这么看的，所以在官方的史书里记载的都是他为了国家建功立业的事。可是，随着时间的推移，他为之奋斗的朱明王朝过去了，皇上赐给他的爵位过去了，他享受的豪宅别墅过去了，他拥有的千亩封地也过去了；而没有写进《明史》的建关筑城的一些实事，却长久地矗立在天地之间。造福子孙，功载千秋!

众所周知，作为一种信仰，伊斯兰教直接影响着回族的政治、经济、思想、文化等各个方面。而这一切，从回族先民落籍中国的那一天开始便表现出来。他们要守住自己的信仰，要依寺而居，建筑一个清真寺是非常必要的。以后，随着正常生活的开始，经教堂的建筑，道堂的建筑，陵园的建筑也是非常必要的。在实施这些建筑时，其建筑设计、构图规划、工程技术、装饰艺术都会表现出伊斯兰的风格和特点。

对这些遍布全国的伊斯兰建筑，在中华人民共和国成立以后，特别是文化大革命以后，国家非常重视。福建泉州清净寺(圣友寺)、北京牛街礼拜寺、宁夏同心清真大寺、西安化觉巷清真寺、河北泊头清真寺、杭州凤凰寺、山东临清清真寺、山东济宁东大寺、甘肃天水后街清真寺、河南朱仙镇清真寺、河南沁阳北大寺、河南开封东大寺、齐齐哈尔卜奎清真寺，还有扬州普哈丁墓园、山东德州苏禄王墓、南京堵塞勃泥国王墓、云南马哈只墓碑4处穆斯林墓葬以及泉州的陈埭回族丁氏祠堂等都被列为全国或地方重点文物保

宁夏同心清真寺

护单位，受到特殊的保护。

化觉巷清真寺

在科学技术上，除了天文学、医药学、建筑学，在其他方面，回族也为中华民族做出了重要贡献：

在数学上，他们引进了阿拉伯数码、土盘算法、六十进位制；

在兵器制造上，阿老瓦丁、亦思马因发明了回回炮；

在造船术上，郑和船队建造了当时规模最大、最为先进的海船。七下西洋，行程万里，在世界航海史上写下了辉煌的篇章；

在地理学上，札马剌丁的《大元一统志》和郑和船队的《郑和航海图》，都是创造性的地理著作，具有划时代的意义；

在水利工程上，海瑞疏竣吴淞江和白茆河，通流入海，造福桑梓……

所有这一切，都为中国科学技术注进了新鲜血液，发挥了重要作用。可是，明代中叶以后，由于朱明王朝极力推行"闭关锁国"的封闭政策，断绝了回族人和阿拉伯国家的联系；再加上西方传教士不断来到中国，在各个领域里排斥回族的科学技术……从此，兴旺了几百年的回回科学技术每况愈下，走上了一条下坡路。

但是，伊斯兰的遗传基因还在，伊斯兰的雄风还在，伊斯兰科学技术的根是不会死的！

在艰难困苦面前，坚强的回族科学家非但没有消沉，反面以更大的热情积极参与到中华民族科学技术的创造中。表面上看，这些科学技术没有什么伊斯兰文化特点，但是，回族儿女在这些科技成果里所倾注的心血，却是显而易见的。

清末，军事科学家丁拱辰，亲眼看到国家落后挨打的现实，于是立下了"富国强兵"的志愿，潜心研究兵器制造，编著了《演炮图说》、《演炮图说后编》、《增补则克录》、《西洋军火图编》等，还亲自铸造了大炮，设计了我国第一辆铜火车模型。

象丁拱辰一样，萨氏家族在近代中国海军建设上也立下了汗马功劳。萨镇冰在英国格林尼次海军学校毕业以后，曾在水师提督丁汝昌指挥下，死守南口日岛炮台 。辛亥革命胜利以后，他曾任海军总长、代国务总理、福建省长等职。中华人民共和国成立以后，又曾任中央军委委员等职。萨镇冰之孙、中山舰舰长萨师俊，他在辛亥革命武汉保卫战时，率领全舰官兵和日本侵略军展开激战，最后船舰炸沉，他和全体官兵一起壮烈牺牲。

中华人民共和国成立以后，回族科学技术人员更是层出不穷。这些人在自己所从事的科技领域里，辛勤耕耘，默默奉献。其中，中国科学院院士、工程院院士有：著名化学家蒋锡夔、著名昆虫学家张广学、著名核工程物理学家刘广均，他们为新中国科学技术的发展做出了重大贡献。

蒋锡夔(1926—)，江苏江宁人，研究员、院士。1947年上海圣约翰大学化学系毕业，1948年赴美留学，1952年获得美国华盛顿大学有机化学博士学位。1955年回国以后，积极投身到国防急需的绝密军工项目中，1978年又把科研重心转移到基础研究上，创立了中国科学院第一个有机物理实验室。几十年来，他多次获得国家发明奖和国家科委重大科技成果奖。2002年，以“物理有机化学前沿领域的两个重要方面——有机分子簇集和自由基化学的研究”，获得了我国自然科学领域最高奖——国家自然科学一等奖。此外，他还发表论文120篇，应邀在国际会议、国外大学和学术机构作学术演讲105次，培养了许多硕士生、博士生。曾任中国科学院学位委员会委员、中国化学会有机化学委员会副主任、上海有机化学研究所副主任、物理有机化学研究室主任。传略收入《美国科学家名人录》(1956年)和《有成就名人录》(1991年)。

张广学(1921—)，山东定陶人。世界著名的昆虫分类学家和作物病虫害防治专家。1946年重庆中央大学毕业，1991年当选为中国科学院院士，学部委员。现任中国昆虫学会理事长，科技部发明评选委员会审查员，中国科学院动物研究所学术委员会主任。他系统研究蚜虫学，将我国蚜虫记录从148种推进到1000种，占世界总数的四分之一。他率先利用数值分类、细胞分类和胚胎特征进行蚜虫分类，利用系统演化理论支序分类学方法突破蚜虫11科分类系统，建立了13科系统。他最早发现和利用胚胎和胚后毛序演化模式，研究世界斑蚜科属间的系统演化，创立了四亚科分类系统。首次证明植物界的科级、属级分别与蚜虫的属级、种级平行演化。他对中国蚜虫学的研究跨入世界先进水平做出了重要贡献。1950年–1989年发表论文和专著141篇(本)，1990年至今发表论文和专著144篇(本)。曾获得首届北京国际博览会金奖、第四届全国发明展览会金牌奖、全国科技大会重大科技成果奖、国家科技成果一、二、三等奖各一次，中国科学院科技进步一等奖五次，其他省部级奖十余次。1989年被评为全国先进工作者，1996年获得香港求是科学基金会颁发的“求是奖”。

刘广均(1929—)，教授级高级工程师，中国科学院院士。1952年毕业于清华大学。留校任教期间，1956年-1958年到莫斯科动力学院进修。1963年调国营五〇四厂，曾任总工程师兼副厂长。1982年调核工业部理化工程研究院任总工程师兼科技委主任。是第八、九

届全国政协委员。在生产厂负责生产技术工作时，参与并组织采取多项革新措施，使浓缩铀生产能力和经济效益大大提高，获1985年国家科技进步一等奖。在负责国家“七五”重点攻关项目离心机研制期间，在分离理论研究方面，提出扩散级联最佳运行条件的三种判据，阐明了浓度干扰的传播规律。在气体分子运动论方面，提出了建立玻尔兹曼方程式的模型方程的一种新方法，推导出轻微稀薄气体中的熵增量公式。发表论文30多篇，为美国《流体物理》杂志特邀审稿人。

从苦难的经历里，回族终于变得聪明了!

他们参悟到:

一个没有文化的民族，迟早是要被历史淘汰的!

一个没有高科技文明的国家，在这个地球上是站不住脚的!

打开国门，迎接科学技术的曙光。这才是正确的思想，也是强盛中国的根本。历史的命运又一次交到回族手里，那就再做一次舍死求生的努力吧！

第九章　回回，回回啊！

我写完了。可是，我的心还是静不下来。我象一片落叶在空中飘着，忽东忽西，忽上忽下……找不到归宿，找不到一点儿家的感觉。

回回[①]，回回啊！[②]

我写完了。可是，我的心还是静不下来。我像一片落叶在空中飘着，忽东忽西，忽上忽下……找不到归宿，找不到一点儿家的感觉。

1

望着先民远去的背影，我急匆匆地跑了过去。我仿佛又听到荒漠里的驼铃，我仿佛又看到大海上的风涛，我仿佛又被裹挟到刀光剑影的战场上。我被摔打着，颠簸着，厮扯着。而在这一切的一切平静下去以后，我忽然发现，我的先民已经从阿拉法特山下来到南海边上，来到八百里秦川。他们虔诚地捧起双手，向着克尔白结个都阿。

主啊，大能的主啊，

我们承领你的前定!

就这样，他们怀着无限的敬畏，在这里开始了人生的新的历程……

2

回回，回回啊!

当你从苦难中苏醒过来，

你才发现这是一块多么陌生而神奇的土地!

粗犷的高原刻着开拓者的脚印，

风卷的荒野扔着箭镞、羌笛。

哪里才是自己落脚的地方?

---

① 1956年，中央人民政府识别民族成分，认定回回是回回民族的自称，以后回回统一称为回族。

② 此诗刊于诗集《穆斯林之歌》，陕西人民出版社，1991年1月第1版，第116页。关于“回回”与“回族”的称呼，为了保持原貌，径用。

哪里才有回旋的余地?

于是你支撑着双手站起来,
沉默着,聚积着,又吼叫着,
寻找生活的窝,
开拓历史的疆域!

啊,在那些失去平衡的地方,
你终于和大自然融为一体——
你在荒山野林搭起茅屋,
你在盐碱坡头拉犁耕地;
你也在一些城市的角落,
机警地出卖劳力!
渐渐地,你长大了,
像蓬草一样,
撒到九百六十万平方公里!

上马可以叱咤风云,
下马可以服务社稷。
历中上,你培养了多少英雄豪杰,
为祖国建立了赫赫功绩!

可是,可是啊……
有时头上卷过一阵狂风,
有时身边炸响几声霹雳;
甚至,易卜劣厮烧起的铺天大火,
夺走了你生活的土地!
这时,你又倔强地站起来,
聚到一起,扭到一起!
在淌着鲜血的土地上拼搏,

用性命，夺取生的权利!

啊啊，回回啊!
你的血管里永远流淌着善良，正直，
你的胸怀中永远藏着粗犷，豪气!
你有一颗净化的灵魂啊，
也有一根压不弯的骨脊!
活着，就要顶天立地;
死了，也要高举真理的大旗!

如今，几百年过去了，
你还是你!
你还是像骆驼一样跋涉，
像黄牛一样流汗出力!
只是你的心没有死，
你想得更多，也更深邃!
那神秘的天空为什么不能上去翱翔?
那万丈的海底为什么不能下去游弋?
于是你抖落身上几个世纪的尘埃，
又一次开始新的冲击!

啊，回回!
我的回回啊!
把苦咽到心里的回回啊!
就是大山倒下来也压不倒的回回啊!
……

坎坷的缀语

冯福宽

一

这本书是根据我的一部电视专题片改编的，甚至连名字都没有变。

上个世纪末，新疆维吾尔自治区政协副主席、中国回族学学会会长沙明先生约我写一部回族的电视专题片。从多年的学习中我深深感到，回族的历史博大精深、辉煌灿烂，要完成这样一部全景式的作品，自己的确是力不从心，于是婉言谢绝了。可是，沙明先生却还是鼓励我再试一试。在这种情况下，我还能说什么呢?

初稿完成以后，我广泛地征求了北京、宁夏、云南、甘肃的一些专家、学者的意见，还请陕西省政协原常务副主席吴庆云同志、中共陕西省委原常务副书记蔡竹林(汉族)同志，还有沙明会长，从政治上把关审定。人们看了草稿以后，除了鼓励以外，还在个别地方提了一些建议。蔡竹林同志在他的专著《信言集》里特别指出：“摄制《丝绸之路上的回响》这部纪录片，要突出这样一个主题——爱自己的国家(中国)，爱自己的民族(回族)，爱自己的宗教(伊斯兰教)，这就把住了本片的大方向。”

可是，就在这时，“9·11”事件发生了，一场扑天盖地的乌云滚滚而来。一时间，好像伟大的伊斯兰教、还有和伊斯兰教沾上边儿的都成了犯忌的东西。在这种情况下，这件工作再也无法继续下去。

“实在不行，宗教部分就算了。”有人劝我说。

我坚决不同意：“不行，就是这部片子不拍也不能把宗教去掉!”

但是，对归对，理归理；僵持到最后，这件工作还是不得不搁了下来。

这就是现实!

二

在我最困难的时候，许多热心回族事业的朋友都给了我热情的帮助，至今想起来心里还是热腾腾的。新疆回族史专家魏德新先生听说以后，马上把他手头的资料寄给我，鼓励我坚持下去；新疆伊犁州人大副主任马梦祥先生、新疆音象出版社尕恒社长也都出谋划策，帮助解决一些具体问题；还有陕西电视台张文庆主任记者，他虽然是个进教的穆斯林，但是对这件事却非常热心，他跑了好几个省，最后总算联系了几个单位，还给上级领导部门打了个报告……凡此种种，不是一句两句话就能说得清楚的，也不是一句两句话就能把自己的感激之情表达出来的。当时，我只觉得激动，高兴，充满了希望，也仿佛看到了美好的愿景。后来，不知道过了多少日子，一位跟这件事有些关系的领导偷偷告诉我："有下文了。"又不知道过了多少日子，这位领导又吞吞吐吐地告诉我："人家第一把手不发话，下边的人就是想动都动不了啊!"到了这时候，我的心彻底凉了，我不得不把这本心血之作锁到书架的抽屉里。

三

一晃儿十来年过去了。在本世纪初，我回到了阔别多年的老家——河北省大厂回族自治县。记得小时候，这里的教门非常红火，王静斋老人家1913年还到这里当过阿訇。后来，"因禁止重利盘剥，触一王某之忌，大起纠纷"[①]，王大阿訇不得不辞任回津。每次想起这事，我的心里总是沉甸甸的。甚至，在远离家乡三十多年的时间里，无论是在回族先民舍舟登岸的广埠，还是在新疆马良骏阿訇的坟前，无论是在云南杜文秀写作《古兰释义八千题》的地方，还是葬埋哲合忍耶第三辈穆勒什德马达天的松花江畔……我都念念不忘。

"现在，这里的教门……"我带着这个问题，又回到北京，又过了燕郊，又踏上了故乡的热土。听人说，当年王静斋大阿訇走了以后，这里便响起了军阀混战的枪声，走过了日本皇军的铁蹄，出现了无神论的政治，举起了红卫兵的铁扫帚……在这一切的一切全都过去以后，这里的教门还会有好吗?

① 王静斋：《五十年求学自述》，转引自中华书局《中国回回民族史》，2007年9月第1版，第760页。

我来到北坞村，来到李仰泉捐修的明代古寺里。望着眼前巍峨的大殿，还有台基上的古代碑刻，我的思绪穿过了350多年的时间隧道，来到20世纪60年代。那可是个不可思议的历史时期啊!反苏即反共，反共即反党，反党即反人民，反人民即反革命!万马齐喑，上下钳口，人们只有在忍气吞声里活着。可是，寺里的刘殿凯阿訇，针对苏联普列雪茨基等人对伊斯兰教恶毒的攻击和肆意的诽谤，却挺身而出，对这些人进行了无情的批判，勇敢地捍卫了伊斯兰教和心灵上的信仰。他虽然因此遭受了八年的冤狱之苦，但是他的浩然之气，却给这个时代树立了光辉的榜样。他的这些文章经后人整理，于1996年出版发行，定名《辨误论》。

如果说，在县府之西的清真寺里，在社会上影响最大的是北坞清真寺的刘殿凯阿訇，那么，在县府之东的清真寺里，在这方面影响最大的要算是大马庄清真寺的马振武阿訇。

震动中外的文化大革命结束以后，1979年，57岁马振武阿訇就任大马庄清真寺。当时，他虽然没有赶上刘殿凯阿訇时代的政治压力，但是极左思潮的影响还非常严重，破坏的清真寺也还没有修复。面对如此严峻的现实，马振武阿訇一方面做一些力所能及的教门善事，另一方面又从长远着想，着手开始《古兰经》的翻译工作。为了真主的教门，马振武阿訇从上任开始，用了15年时间，用经堂语翻译了一部《古兰经》。这本经书的出版，“将使今日学子在学习、研究《古兰经》时得到帮助”①，“将有利于《古兰经》研究的发展”②。

作为京畿之地的一个回族自治县，大厂的教门应该比别处做得更好；做为县府所在地的一个村镇，大厂的教门氛围应该比别处更浓。我就是抱着这样一种美好的愿望，回到自己的家。

大厂是县府所在地。据说，早在明代以前这里便有穆斯林居住，经商种地，繁衍生息。只是文化欠缺，一直到20世纪50年代，这里才出现一个大学生海洋。

海洋1959年从北京外交学院毕业以后，没有出国去当外交官，而是回到了自己的家乡。他在县人大主任的岗位上退下来以后，马上和大厂清真寺马凤岭阿訇一起，着手将阿拉格著作的、贾米注释的《艾什尔特·来麦尔台》译注成白话文《电之光》出版。

---

① 白寿彝《序》。

② 安士伟题辞。

这本“认主学的最高理论”的中文版《昭元秘诀》，是由明代著名的宗教学者舍起灵用文言文翻译的，它作为经堂教育的必修课程，影响很大。但是，由于各种各样的原因，现在很多人读起来非常困难，这就影响了这部伊斯兰教义学巨著的广泛传播。为此，译者在1995年举意用白话文重新译注。从此，他们全身心地投入到这项工作中，寒来暑往，暗夜黎明，阅读中外古籍，思考宇宙人生，前后八年，终于在2003年完成了这部心血之作，在主道上尽了心，出了力。

大厂回族自治县是一个小县。1955年建县时，总面积只有175平方公里，回族人口占20.3%，只有2.1万人。可是，在不到半个世纪的时间里，这里却产生了这样三部伊斯兰译注，这真是一件了不得的事情!

自己虽然也是一个舞文弄墨的人，但是面对三位阿林的贡献，却觉得非常惭愧。我们都是喝着一口井里打上来的水、吃着一块地里种出来的棒子面生活过来的，为什么别人能做到的自己就做不到呢？这时，我情不自禁地跑到村外，跑到我孩童时代梦寐求索的地方，跑到我人生起步的地方。啊，脚下的华北大平原还是那么雄浑寥阔，眼前的燕山山脉还是那么高耸挺拔，身边的潮白河和鲍邱河还在那里奔腾流淌；而我却垂垂老矣。可是，面对家乡的大好河山，面对生我养我教我育我的这方热土，我能停下自己的脚步吗?

就在这时，多亏真主的襄助，我遇到了杨连福、杨宝军两位先生。他们在民族历史方面都很有研究，有所建树。当他们听说束之高阁的《丝绸之路上的回响》以后，马上激动起来，一哇声道：“干，咱们干!”

四

当杨连福、杨宝军和我决定把电视专题片改编成文字图书以后，我们又犯难了。

我们注意到：

这些年来，许多教授、学者、阿訇、经师都出版了自己的学术专著，在社会上产生很大影响。我们要干，当然不能再走这样一条路；再说，由于我们的学识的关系，我们也不可能再走这样一条路。

当然，我们也注意到：

这些年来，回族人民在汉文化的学习上有了一些进步，但是整个来看，特别是在一些偏远山区，水平还不是很高，阅读一些大部头的学术著作还有一定困难。如果能编著一些回族、伊斯兰教的通俗读物，做一些普及工作，显然是很有意义的。基于这种想法，我们为自己的这本书定下了一个方案：图文并茂，图文互补，深入浅出，老少咸宜。

唉唉，到了这时候，我才真真切切地感到，“美不美，泉中水，亲不亲，一乡人”。现在，我的心里总算有谱儿了，下一步就是怎么样好好地干了！

五

就在我拼命改稿的时候，医院给我下达了马上住院的通知。这消息，有如五雷轰顶，使我不知所措。我在想，如果此一去再不复返，我对教门的承诺就会落空……是马上住院？还是继续改稿？我不容置疑地陷入到进退两难的峡谷里。白天吃不好，晚上睡不着，“居则忽忽若有所失，出则不知所如往”[①]，我真地不知如何是好了。

就在这时，贵圣的那句有名的圣训忽然在我耳边回响起来：

学者的墨汁，其贵重不亚于烈士的鲜血……

恍惚中，我好像看到许许多多的古代先贤念着这段圣训走了过来，他们有的经受了数不清的艰难险阻，有的饱尝了人世上的苦辣辛酸，还有的甚至献出了宝贵的生命。他们归真以后之所以受到人们的尊崇，他们的墨汁之所以和烈士的鲜血一样宝贵，不是因为别的，而是因为他们把自己的努力、奋斗、成就、辉煌，全都贡献给了主道……

想到这儿，我的身子里像注进一股新鲜的血液，我马上抄起笔来。从此，不管是白天黑夜，也不管身子多么难受，我都咬着牙坚持下来。当我把一切做完，我一方面感到肩上的担子终于放下来了，从此可以松一口气了；另一方面，我又觉得精疲力尽，连动一下都不想动了。望着眼前成堆的书稿，喃喃道：“啊，我该到医院去了！”

① 司马迁：《史记·报任安书》，转引自中华书局，1962年版，《两汉文学史参考资料》，第404页。

六

在中国，写作从来都不是一件容易的事；写作民族、宗教的书更不是一件容易的事。

记得在一次学术讨论会上，我和杨怀中先生在私下交谈时曾经谈到：作为一个回族的写家，我们必须在国家的政策和教民的要求中间走过，不然就要胎死腹中，哭都没有地方哭去。更何况，除这之外我们还会遇到许许多多、想都不敢想的坎坷挫折、天灾人祸呢!

但是，既然真主的前定给了我们这样一条路，我们只能一步一步地走下去，头也不回地走下去!

阿米乃

2009年12月15日

西安

附记：

出版社审定这部书稿以后，杨连福、杨宝军先生又于2010年1月21日、2010年4月3日、2010年5月8日三次从北京来到西安，和我一起研究定稿。二位先生这种认真负责的精神，实在令我感动、敬佩。

冯福宽

2010年5月9日 西安

回族兄弟

杨连福

大千世界，飘飘渺渺；天地悠悠，风云变换……人生在世，谁知道自己会干什么？能干什么？能干成点儿什么？

我也是。

1960年，我幸运地降临到这美妙的世间，而且幸运地活下来。当时正赶上三年困难时期，据说那是新中国出生率最低、成活率最低的时期。1962年随母亲下放到母亲娘家的生产队，父母吃食堂，日复一日的吃“增量法”①，给我吃的却是京米饭。有句俗话“姥姥门口舅舅多。”我从小没有受过什么磕碰，几乎是在舅舅们的肩头上长大，这个生我养我的地方是河北大厂回族自治县。

“生在新社会，长在红旗下”。从读书到工作、从不谙世事的孩子到人民政府县长，我喝了45年家乡水。后来辗转到了国家民委系统工作，一晃儿，又5年过去。在半个世纪的生涯中，我虽然也凭着自己的兴趣爱好写作出版了《发展现代农业的若干思考》、《连福学书》等，但是，无论是学习、工作，还是社会生活，还是民族方面、宗教方面很多历史、现实问题，总在我的心中涂抹不去，有些问题至今还在困扰着我。例如：文革的时候为什么要让回回养猪？文革以后的“阳信事件”又给了我们什么警示？回族与汉族的区别到底在哪里？中国的回族穆斯林和外国的各族穆斯林有什么联系、又有哪些区别？等等。

在中国56个民族里，回回民族是一个比较特殊的民族。周恩来总理曾说：“回族（回回先民）是从阿拉伯、小亚细亚来的，而且时代并不太远，据说到现在不过1000多

① 增量法：1958年“大跃进”之后，国内粮食紧张，各地发明了很多办法，如开办社会主义大食堂、发粮票、定量分配等，为了填饱肚子，人们往粮食中添加稻草、麦秸、树皮、玉米骨头等，以增加食物量，取名增量法。

年……”[①]也许正是因为如此，再加上我的血管里流着回族的血液，所以对回族、伊斯兰教的关注也就更多一些，更近一点，更深一些。在唐代，由于唐太宗李世民能够平等地对待各个少数民族，对他们“爱之如一”[②]，所以很多回族先民近悦远来，使唐都长安出现了一片扑朔迷离的“胡风”，呈现出一派五彩斑斓的风习。在元代，由于当时的统治者特别优待这些远道而来的色目人，使他们享受到宽容、优厚的待遇，所以极大地调动了他们的积极性，出现了设计大都的建筑大师也黑迭尔丁、还有“功闻五朝”的杰出的政治家赛典赤·赡思丁·乌马耳。在明代，开国之君朱元璋书写了《至圣百字赞》，赞颂伊斯兰教贵圣穆罕默德。一时间，大批回回文臣武将脱颖而出，出现了“十回保朱”的壮举，出现了七次下西洋的郑和，出现了刚直不阿的骨鲠之臣海瑞……

在漫长的中国历史上，也曾经出现一些令人悲痛的事情，有的是因为统治阶级的民族歧视政策，有的则是兄弟民族之间了解不够。对于前者，我们这些草民当然无能为力；对于后者，先进的回族知识分子代代相传，做了许多实际工作，效果很好。在这方面，我们必须提到著名伊斯兰教学者胡登洲倡导的经堂教育和王岱舆、刘智等人的汉文译著活动。

众所周知，明朝统治阶级后来实施“片板不许下海”的锁国政策，从根本上切断了中国和西域各国的联系。这时，在经济生活上，回族人民赖以生存的丝路贸易被卡死了；在宗教生活上，回族人民到阿拉伯聘请阿訇的路子、去阿拉伯学习的路子也被卡死了。值此危机关头，著名伊斯兰教学者胡登洲采用私塾的形式创办经堂教育，为回回民族的生存延续做出了重大贡献。但是，由于教内、教外的广大民众不懂阿拉伯文，要使他们真正了解伊斯兰教仍有一定困难。为此，著名伊斯兰教学者王岱舆、刘智又积极开展了汉文译著活动。他们“以中土之汉文，展天方之奥义”，使人们看得懂阿文经典的原意，既坚定了回族大众的伊斯兰教信仰，又加深了回族和各兄弟民族之间的相互了解。

现在，随着时代的变迁、环境的变化，又有一些新的问题出现。但是，这个问题，那个问题，最最根本的其实就是一个问题，那就是：伊斯兰教、回回民族和国家与社会的关系问题，具体地说，就是怎么样正确地认识现实生活、正确地对待现实生活、实现和谐发展。

---

① 周恩来：《关于我国民族政策的几个问题》，见《统一战线文件汇编》，中国文献出版社，1988年。
② 见《资治通鉴》卷一百九十八。唐太宗说：“自古皆贵中华，贱夷狄，朕独爱之如一。”

其实，这个问题，先知穆罕默德就已告诉我们。他说："爱国是信仰的一部分。"著名的伊斯兰教学者刘智在他的著作里也做出了明白的解释，他在《天方典礼·君道》里说："王者，代真主以治世者也。王者体主，若影之随形。"在《天方典礼·臣道》里说："念主而忘君，非念主也；念君而忘主，非念君也。"刘智的这些闪光的思想，"把伊斯兰教法与中国传统的伦理道德观统一起来"，"使伊斯兰教迈上了中国化的过程。"①所有这些都很有指导意义。

党和国家提倡宗教要同社会主义社会相适应。党的十七大报告中强调："促进政党关系、民族关系、阶层关系、海内外同胞关系的和谐，对于增进团结、凝聚力量具有不可替代的作用。"要"牢牢把握各民族共同团结奋斗、共同繁荣发展的主题，保障少数民族合法权益，巩固和发展平等团结互助和谐的社会主义民族关系。全面贯彻党的宗教工作基本方针，发挥宗教界人士和信教群众在促进经济社会发展中的积极作用。"

我和冯福宽先生是从一个村里走出的两代回族知识分子。前年，他70多岁高龄住院作手术，唯一带在身边的是这本书的初稿。舅舅用生命的语言告诉我，我们有责任把践行穆罕默德关于爱国的《圣训》同构建社会主义和谐社会结合起来，把继承、发扬回族穆斯林光辉历史与弘扬中华民族传统文化结合起来，把回回民族的奋发向上同伟大祖国的繁荣复兴结合起来。老实说，这本书是冯先生用虔诚的举意、用心血搜集整理的。我和杨宝军同志在繁忙的工作之余，协调方方面面的关系，用两年多的时间调整完善书稿，搜集配置了大量图片，这一方面为了满足老一辈回族学者的心愿、一方面是珍视这一感悟先贤、学习历史的机会，更重要的是通过《丝绸之路上的回响》，把"回族"，这个有崇高信仰的民族介绍给您，让各族、各界、各个年龄段的朋友了解回族兄弟！

的确，《丝绸之路上的回响》这本书，从策划到编写出版，我们都得到国家有关部、委的领导及专家、学者的鼓励和支持，参阅了许多名篇大作，选用了许多摄影作品。在这里，我们对所有帮助过我们的人表示崇高的敬意，也对那些一时没有联系上的人表示深深的歉意。

2010年1月29日 北京

---

① 见《中国回族史》。

作者简介

冯福宽，男，回族。经名穆罕默德·阿里。河北省大厂回族自治县人。1963年毕业于西北大学中文系。陕西人民广播电台高级记者。中国作家协会会员，中国音乐家协会会员。陕西省第八届政协委员。中国回族学会常务理事。陕西穆斯林对外文化经济促进会副会长，陕西河北商会名誉会长。系享受国务院特殊津贴专家。先后获陕西省先进统战工作者，陕西省民族团结进步先进个人称号。著有诗集《山花赋》、《穆斯林之歌》、《黄土魂》、《绿色的黄土高原》、《从文学到艺术——兰花花》，散文集《回坊风情录》、《艰难的脚步》，广播剧集《消失在声音里的青春》、《苍莽的高原》，长篇小说《大迁徙》、《命运》、《为了后世的天堂》，专著《陕西回族史》，中、英、阿文画册《中国陕西回族穆斯林》。歌曲《山丹丹花开红艳艳》（合作）。叙事长诗《兰花花》改编成广播、影视作品，在全国各地电台、电视台播、映，改编成大型叙事表演合唱，参加《西北音乐周·西安音乐会》、《西北音乐周·兰州音乐会》、第二届《北京合唱节》，同名诗剧、叙事表演合唱并出版CD光盘。诗剧《兰花花》获陕西省首届开拓创作奖，诗集《绿色的黄土高坡》获陕西省少数民族团结进步奖，广播连续剧《风雪昆仑山》、《延安之声》、《大地长龙》获中宣部“五个一”工程奖。

作者简介

杨连福，男，回族，经名尤素福。1960年5月生于河北大厂回族自治县，曾于1983年任大厂回族自治县团委书记，1993年任大厂回族自治县夏垫镇党委书记，1997年至2004年任大厂回族自治县人民政府县长，2004年任河北省廊坊市民政局党组书记、局长。期间曾任河北省第十届人民代表大会代表。2005年至今任中国民族报社副社长。主要社会兼职：中国回族学会常务理事，中国回族学会书画摄影艺术委员会主任，中华民族团结进步协会理事，中国教育电视台书画艺术委员会委员。

作者曾获河北省人民满意公务员、第三届全国各族青年团结进步优秀奖、第四届全国民族团结进步模范个人等荣誉。

作者自幼酷爱书法。工作之余潜心研习书艺，从唐楷入手，选临欧阳询《九成宫》、魏《张玄墓志》，行书集王书《圣教序》、米芾《苕溪帖》，隶书《张迁碑》、《乙瑛碑》等古代优秀碑帖，求教国内书法名家，学书中注意结合书论，勤于在读、临、看、写中悟出艺术风格，在结体、用笔上探索其规律，并将书法中的分间布白、伸缩顾盼、向背揖让、方圆轻重与提高领导艺术相结合，相得益彰。自1993年以来相继在《人民日报》、《农民日报》、《桥》、《民族与宗教》、《回族文学》、《探索与求是》等报刊发表书法作品。曾参加“首届首都回族书画家作品联展”、“首届全国新闻工作者书法作品大展”。

著有《发展现代农业的若干思考》、《连福学书》等专辑。

杨连福书法作品

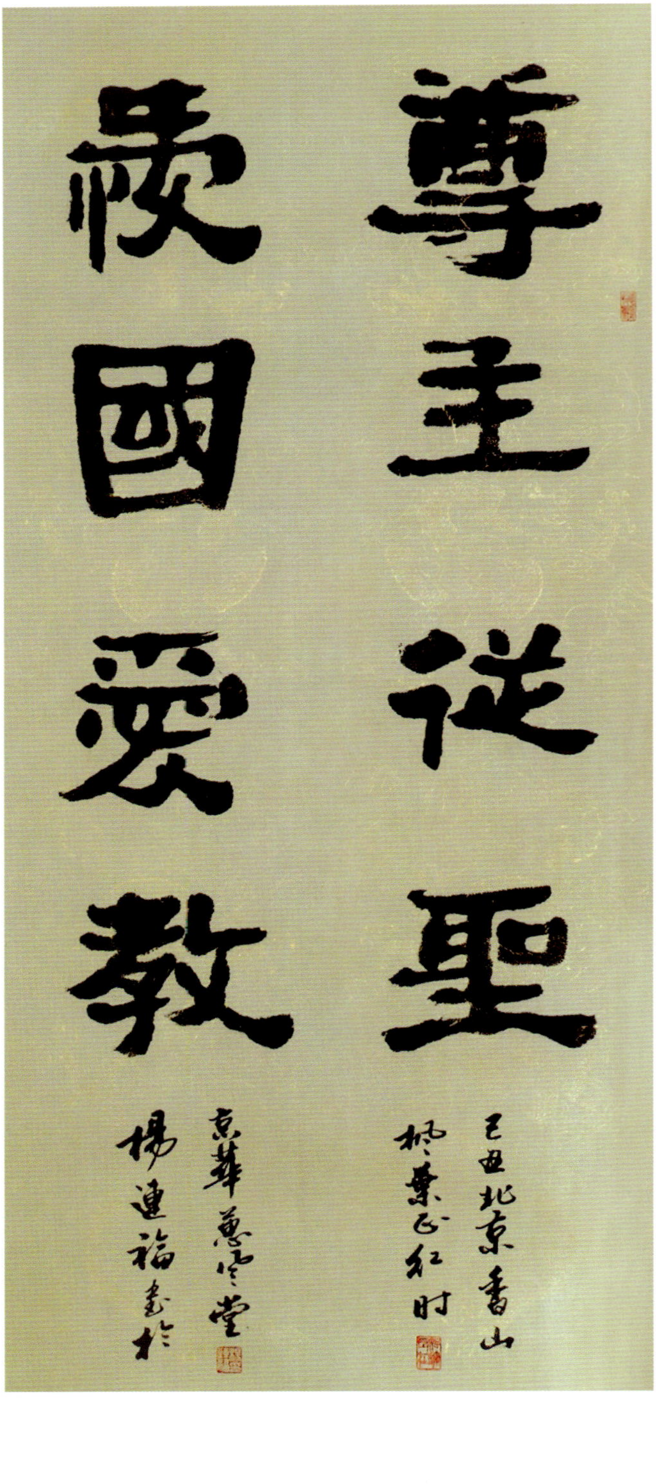

杨连福书法作品

图书在版编目（CIP）数据

丝绸之路上的回响/冯福宽、杨连福主编．——北京：中央民族大学出版社，2010.12

ISBN978-7-81108-955-4

Ⅰ．①丝… Ⅱ．①冯、杨… Ⅲ．①回族—民族历史—中国 Ⅳ．①K281.3

中国版本图书馆CIP数据核字（2010）第247378号

丝绸之路上的回响

主　　编　冯福宽　杨连福

责任编辑　雨　山

封面设计　杨　群

出 版 者　中央民族大学出版社

北京市海淀区中关村南大街27号　邮编：100081

电话：68472815（发行部）　传真：68932751（发行部）

68932218（总编室）　68932447（办公室）

发 行 者　全国各地新华书店

印 刷 厂　北京民族印务有限责任公司

开　　本　787×1092（毫米）　1/16　印张：11.5

字　　数　300千字

印　　数　1000册

版　　次　2011年5月第1版　2011年5月第1次印刷

书　　号　ISBN 978-7-81108-955-4

定　　价　78.00元